Patrick Schoden (Hg.)

Sexuelle Gewalt gegen Kinder

Information und Prävention

LIT

Gedruckt auf alterungsbeständigem Werkdruckpapier entsprechend
ANSI Z3948 DIN ISO 9706

Umschlagbild: Patrick Schoden: „Niemand allein ... " (2008)

Umschlaggestaltung, Satz und Innenlayout: Patrick Schoden, Münster

Bibliografische Information der Deutschen Nationalbibliothek
Die Deutsche Nationalbibliothek verzeichnet diese Publikation in der
Deutschen Nationalbibliografie; detaillierte bibliografische Daten sind
im Internet über http://dnb.d-nb.de abrufbar.

ISBN 978-3-8258-1270-6

© LIT VERLAG Dr. W. Hopf Berlin 2008
Auslieferung/Verlagskontakt:
Fresnostr. 2 48159 Münster
Tel. +49 (0)251–62 03 20   Fax +49 (0)251–23 19 72
e-Mail: lit@lit-verlag.de   http://www.lit-verlag.de

Inhalt

7 Vorwort der Herausgebenden

9 Einleitung

Grundlagen

13 Allgemeinpädagogische Zielsetzung
an Kindergärten und Grundschulen:
Kinder stärken und ermutigen
Ulrike Itze

25 Einführung: Sexuelle Gewalt gegen Kinder
Herbert Ulonska

29 Erkennen des sexuellen Missbrauchs:
Verstehen der Psychodynamik
Ludger Kotthoff

35 Entwicklung und aktuelle Ansätze der Präventionsarbeit
sowie praktische Möglichkeiten des Einsatzes
von Medien und Materialien zur Prävention
Marlene Kruck-Homann

49 Rechtliche Aspekte:
Verdacht eines sexuellen Missbrauchs –
Anzeigepflicht? –Strafanzeige – Strafverfahren
Sabine Schumacher

53 Mütter stärken und ermutigen
Zusammenarbeit mit Müttern bei der schulischen
Präventionsarbeit gegen sexuellen Missbrauch
Monika Friedrich

61 Väter stärken und ermutigen
Patrick Schoden

Schwerpunkte

71 Inzest
   Herbert Ulonska

81 Täterprofile
   Herbert Ulonska

89 Sexualität und Zärtlichkeit
   in der Entwicklung des Kindes
   Ludger Kotthoff

97 Frauen, Mädchen und Mütter als Sexualtäterinnen
   Monika Friedrich

103 Im Schutz der Anonymität - Online-Beratung
   für Betroffene sexualisierter Gewalt
   Petra Risau

117 Kinder- und Jugendliteratur im Kontext der
   Präventionsarbeit gegen sexuelle Gewalt
   Marlene Kruck-Homann

135 Autorinnen und Autoren

Vorwort der Herausgebenden

Die Idee zu der hier vorgestellten Buchreihe entstand aus der gemeinsamen Arbeit der Herausgebenden am Kinderschutzportal *www.schulische-praevention.de/www.kinderschutzportal.de*. Dieses Internetportal zur Prävention sexueller Gewalt gegen Kinder ist als Forschungsprojekt am Zentrum für Lehrerbildung der Westfälischen Wilhelms-Universität Münster angesiedelt. Es richtet sich an pädagogische Fachkräfte und bietet ihnen ein Informationsforum für die Auseinandersetzung mit sexueller Gewalt an Kindern und mit Möglichkeiten der Prävention, besonders für Schülerinnen und Schüler im Primarstufenalter. In unserem Forschungsschwerpunkt befassen wir uns vorwiegend mit einer Facette von Gewalt, die der Gewaltverhältnisse im sexuellen Bereich. Auch ist unsere Aufmerksamkeit zunächst auf bestimmte Zielgruppen gerichtet: einerseits auf Kinder und andererseits auf pädagogische Fachkräfte, die präventiv mit Kindern arbeiten. Zudem kommen die Adressaten unseres Internetportals überwiegend aus den gesellschaftlichen Bereichen Erziehung und (Fort-)Bildung.

Mit der Buchreihe *Geschlecht – Gewalt – Gesellschaft* möchten wir den Blickwinkel erweitern und auch Arbeiten ein Forum geben, die sich mit weiteren Facetten von Gewalt befassen, die ihre Aufmerksamkeit auf andere Zielgruppen von Gewalt richten und die andere gesellschaftliche Bereiche, in denen Gewaltverhältnisse entstehen können, in den Blick nehmen. Als grundlegende und wichtige Ergänzung werden auch Arbeiten aufgenommen, die die Bedingungen reflektieren, in denen Gewaltverhältnisse entstehen oder entstehen können. Die im Titel der Buchreihe ausgedrückten Zusammenhänge zwischen Geschlecht, Gewalt und Gesellschaft bilden die inhaltliche Klammer für die in der Reihe erscheinenden Arbeiten. Diese befassen sich neben weiteren Untersuchungen zu sexueller Gewalt gegen Kinder und Jugendliche mit Themen zu geschlechtsbezogenen Gewaltverhältnissen *(Geschlecht und Gewalt)*. Sie gehen aber auch Fragen nach, die sich mit den gesellschaftlichen und strukturellen Bedingtheiten von Gewalt auseinandersetzen *(Gewalt und Gesellschaft)*. Wieder andere Beiträge untersuchen Möglichkeiten und konkrete Beispiele geschlechtspezifischer Arbeit in verschiedenen gesellschaftlichen Teilbereichen *(Geschlecht und Gesellschaft)*.

Neben einem breiten Spektrum von Themen aus heterogenen gesellschaftlichen Bereichen und unterschiedlichen wissenschaftlichen Disziplinen ist auch eine unterschiedliche methodische Vorgehensweise der einzelnen Arbeiten gewollt. Wir möchten mit der Reihe der Verpflichtung zur Interdisziplinarität und Offenheit für sehr unterschiedliche geschlechtsbezogene, pädagogische, psychologische und theologische Arbeiten im Rahmen der Themenbereiche Geschlecht, Gewalt und Gesellschaft nachkommen. Hier spiegelt sich die Intention des Verlags und der Herausgebenden für die Veröffentlichung der Buchreihe wider: Durch die Aufnahme facettenreicher Arbeiten in diese Reihe möchten wir den Blick mehr und mehr auf die Vielfältigkeit und Komplexität des Beziehungsgefüges *Geschlecht – Gewalt – Gesellschaft* lenken.

Die hier vorliegende Band I der Reihe hat einführenden Charakter in das Problemfeld „Sexuelle Gewalt gegen Kinder". Er ist aus Vorträgen erwachsen, die die Mitarbeitenden im wissenschaftlichen Beirat zur Betreuung des Kinderschutzportals bei diversen Informationsveranstaltungen für pädagogische Fachkräfte gehalten haben, erweitert um Beiträge zu elementaren Themenfeldern.

Diese Zusammenstellung von Erstinformationen soll ein kritisches Bewusstsein für ein gesellschaftliches Problem schaffen, das bereits im Kindergarten und spätestens in der Grundschule die dort Arbeitenden beschäftigen muss.

Pädagogische Fachkräfte sind (zudem) meist die ersten außerfamiliären Vertrauenspersonen, die das Leiden betroffener Kinder wahrnehmen, von diesen als vertraute Gesprächspartner ausgewählt werden oder sich als solche anbieten können.

Alle Beiträge zur Prävention sexueller Gewalt, die in diesem Band gesammelt sind, möchten durch die Weitergabe von Wissen vor allem Mut machen, um sich als Erwachsene für den Schutz und die Stärkung von Mädchen und Jungen einzusetzen.

Monika Friedrich   Marlene Kruck-Homann   Herbert Ulonska

Einleitung

Immer, wenn ich mit pädagogischen Fachkräften zu dem Thema Prävention gegen sexualisierte Gewalt arbeite, stelle ich sinngemäß eine Aussage allen anderen voran:
Sie sind schon längst präventiv tätig, wenn Sie Ihre Aufgabe als Pädagogen und Pädagoginnen ernst nehmen und das setze ich als Grundhaltung bei Ihnen voraus, dass Sie darum bemüht sind, Kindern den Raum zu geben, den sie brauchen, um zu werden, was sie sein können. Sie versuchen sie zu stärken und vertrauensvoll und achtsam mit den Ihnen anvertrauten Kindern umzugehen.

Dieses Buch möchte Ihnen von diesem Standpunkt aus Informationen, Ideen für den pädagogischen Alltag und neue Perspektiven auf die Präventionsarbeit an Kindergärten und Schulen anbieten, um Sie sicherer im Umgang mit dem Problemfeld der sexualisierten Gewalt werden zu lassen.

Im ersten Teil des Buches - „Grundlagen" - erhalten sie grundsätzliche Informationen und Argumente für eine nachhaltige Präventionsarbeit in pädagogischen Einrichtungen.

Ulrike Itze leitet grundlegend in das Thema Kinderängste ein und beschreibt die Notwendigkeit der Bearbeitung dieser an Kindergärten und Grundschulen. Sie identifiziert die Stärkung von Kindern als wesentliches Ziel und pädagogische Haltung für die Präventionsarbeit. In diesem Kontext umreißt sie die Bedeutung der emotionalen Dimension und Förderung der emotionalen Kompetenz der Kinder an Schulen und Kindergärten.

Herbert Ulonska lenkt den Fokus auf das Thema sexualisierte Gewalt. In einem ersten Schritt erläutert er die unterschiedlichen Definitionen von sexualisierter Gewalt. In einem weiteren Schritt folgen Erläuterungen und Zahlen zu den unterschiedlichen Täterprofilen. Abgeschlossen wird der Artikel mit einer Einführung in die verschiedenen Stufen der Präventionsarbeit.

Ludger Kotthoff führt das Thema daran anschließend weiter, indem er die Folgen sexualisierter Gewalt gegen Kinder näher untersucht. Er stellt die Komplexität der Symptome und die Auswirkung auf die Entwicklung der betroffenen Kinder dar, die es oft so schwierig für Eltern und pädagogische Fachkräfte machen, den Missbrauch ihrer Kinder festzustellen.

Marlene Kruck-Homann zeigt konkrete Ansätze aktueller Präventionsarbeit gegen sexualisierte Gewalt an Kindergärten und Schulen auf. Neben den konkreten Beispielen für die pädagogische Umsetzung beschreibt sie die wesentlichen Grundbausteine und Kriterien für eine verantwortungsvolle und moderne Präventionsarbeit, die bei der Umsetzung mitgedacht werden müssen.

Sabine Schumacher leitet über zu den rechtlichen Aspekten, die bei Verdacht eines sexuellen Missbrauchs sowohl für das betroffene Kind wie auch für die begleitenden Erwachsenen bedeutsam werden können. Sie beschreibt die Rechte, Pflichten für alle Beteiligten und das Verfahren bei Anzeige des Missbrauchs und erläutert die relevanten juristischen Begriffe.

Abgeschlossen wird dieser erste Teil durch die Beiträge von Monika Friedrich und Patrick Schoden, die den Fokus auf die Eltern und die begleitenden pädagogischen Fachkräfte für die Präventionsarbeit richten.

Monika Friedrich nimmt dabei vorrangig die Mütter in den Blick. Zum einen stellt sie die besondere Bedeutung der Eltern für das Gelingen von Präventionsprojekten gegen sexualisierte Gewalt gegen Kinder dar, zum anderen deckt sie die möglichen strukturellen und biografischen Hürden von Eltern beziehungsweise Müttern auf, die im Zuge einer nachhaltigen Präventionsarbeit von den Beteiligten bearbeitet werden müssen. Für die Überwindung dieser Hürden gibt sie im Anschluss Hinweise und betont in diesem Kontext die besondere Bedeutung der die Eltern begleitenden und im Vorfeld sensibilisierten Lehrkräfte.

Patrick Schoden geht in seinem Beitrag über die Arbeit mit Vätern ähnlich vor und versucht auf dem Hintergrund der aktuellen Männerforschung Eckdaten und Perspektiven für eine gelingende Präventionsarbeit mit Vätern aufzuzeigen

Im zweiten Teil des Buches - „Schwerpunkte" - geben die Autorinnen und Autoren ausgehend von ihrem jeweiligen Forschungsschwerpunkt einen vertiefenden Einblick in den Themenkomplex der sexualisierten Gewalt.

Herbert Ulonska eröffnet diesen Abschnitt mit zwei Beiträgen zu Inzest und Täterprofilen. Er definiert die unterschiedlichen Erscheinungsformen des Inzests und erläutert im Folgenden die Auswirkungen dieser speziellen Form des sexuellen Missbrauchs, indem er die Täter, die Auswirkungen auf die Opfer und die betroffenen Familien nachzeichnet.

Ludger Kotthoff untersucht die Bedeutung von Zärtlichkeit und Sexualität von Kindern und ihre Bedeutung für die kindliche Entwicklung. Aufgrund der Ergebnisse formuliert er die Folgen für Kinder, die durch instrumentalisierte „Zärtlichkeit und Sexualität" in Missbrauchsverhältnissen auftreten.

Monika Friedrich gibt einen Einblick in eine noch wenig bearbeitete Facette sexualisierter Gewalt: „Frauen, Mädchen und Mütter als Sexualtäterinnen". Dies geschieht u.a. über die Darstellung und Entwicklung einer differenzierten Täterinnentypologie.

Petra Risau entwirft in ihrem Artikel ein Bild momentaner Online-Beratung für Betroffene sexualisierter Gewalt. Dabei zeigt sie deren Rahmenbedingungen auf und diskutiert die Chancen und Grenzen dieser Beratungspraxis.

Marlene Kruck-Homann geht im letzten Beitrag dieses Buches auf „Kinder- und Jugendliteratur im Kontext der Präventionsarbeit gegen sexuelle Gewalt" ein. Sie entwickelt Kriterien für eine sinnvolle Literaturauswahl bezüglich des Themas und verweist auf die vielfachen Einsatzmöglichkeiten der so ausgewählten Literatur im Unterricht.

Die Autorinnen und Autoren hoffen mit dieser Themenpalette eine möglichst große Bandbreite des Themas für Sie erschlossen zu haben.

Abschließend sei an dieser Stelle allen Autorinnen und Autoren ein herzliches Danke gesagt, für ihre Bereitschaft neben ihrem langjährigen Engagement im wissenschaftlichen Beirat des Forschungsprojekt „Kinderschutzportal" am Zentrum für Lehrerbildung der Westfälischen Wilhelms-Universität Münster, Zeit und Geist aufzuwenden, um dieses Buch in der vorliegenden Form möglich zu machen.

Patrick Schoden

Allgemeinpädagogische Zielsetzung an Kindergärten und Grundschulen: Kinder stärken und ermutigen

Ulrike Itze

Problemsituationen im Kindergarten und in der Grundschule

Unsere Gesellschaft weist zahlreiche Probleme auf, sowohl in emotionaler, kognitiver als auch in sozialer Dimension. Gesellschaftliche Probleme sind immer auch Probleme der Kinder oder anders ausgedrückt: Die Kinder spiegeln unsere Zeit, unsere Kultur, unseren Umgang mit Problemen. Kinder tragen ihre Probleme, Gedanken und Sorgen zu aktuell *gesellschaftlichen Themen* - ob Terroranschlag, Umweltzerstörung oder medial erlebte Gewaltszenen etc. - und ihre eigenen Probleme in *Elternhaus, Schule* oder mit sich *selbst* - ob streitende Eltern, die fehlende Freundin etc. - in den Kindergarten und in die Schule hinein. Gerade Kinder spüren die oft destruktive Kraft hinter den Problemen und machen sich ihre Gedanken, entwickeln Sorgen und Ängste.

Kindergarten und Schulen als Stätten der Bildung in der Einheit von Leben und Lernen dürfen sich den zunehmenden Problemen nicht verschließen. Jede pädagogische Fachkraft weiß, dass es nicht die Vermittlung von Lerninhalten, sondern dass es die Probleme sind, die den Alltag in Kindergarten und Schulen immer wieder erschweren und Erzieher/innen und Lehrkräfte herausfordern.

Probleme entstehen in komplexen Situationen, an denen mehrere Personen - in Gesellschaft, Elternhaus und Schule - beteiligt sind; deswegen wird auch von *Problemsituationen* gesprochen.[1]

Eine genaue Analyse sowie die Bewältigung von Kinderproblemen sind eine der wichtigsten gegenwärtigen und zukünftigen Herausforderungen von Kindergarten und Grundschule.

Sexuelle Gewalt gegen Kinder und Jugendliche ist eine Problemsituation, die in den Kindergarten und die Schulen hinein reicht. Fünf

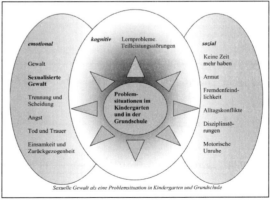

Sexuelle Gewalt als eine Problemsituation in Kindergarten und Grundschule

---

1 Vgl. Itze, Ulrike; Ulonska, Herbert; Bartsch, Christiane (2002), S. 16.

Ulrike Itze

Beispiele aus Gesellschaft, Elternhaus, Schule und eigener Biografie zum Thema „Sexuelle Gewalt gegen Kinder" mögen diesen Tatbestand belegen.[2]

Problemsituation: Gesellschaft Anne (4. Schuljahr) beschreibt die Angst vor Entführung und körperlichem Übergriff. Sie weiß darum, dass das Mädchen „Ulrike" im Jahr 2001 entführt, missbraucht und umgebracht wurde. Dieses begründete Wissen um potentielle Gefahren überträgt sie nun auf die eigene Person. Im Bild deutet sie die Tat sehr schemenhaft an. Der Täter steht mit erhobener Hand im Bild; das Kind liegt getötet, kontur- und gesichtslos, auf der Erde.

Problem: Angst vor Entführung mit befürchteter sexueller Gewalt/ Mord

---

2 Die Namen der Kinder wurden im Text verändert. Die Bilder und Texte entstammen Unterrichtsreihen, vgl. Itze, Ulrike (2007), S. 37 Anm. 74 und S. 87-90 sowie einer Internetstudie (s. Anm. 3).

Allgemeinpädagogische Zielsetzung: Kinder stärken und ermutigen

Problem: Angst vor Entführung mit befürchteter sexueller Gewalt/Mord

Jacqueline (11 Jahre) fürchtet sich vor einem Sittlichkeitsverbrechen.[3] Ihr Bild bringt zum Ausdruck, dass sie sich im Übergang zur Pubertät befindet und gerade in der Zeit sich ausprägender Sexualität die Angst vor einem Angriff auf die Körper-Seele-Leib-Einheit noch stärker ist. Im Vordergrund malt sie riesengroß den „schwarzen Mann", der sich gesichtslos das Mädchen zur Beute macht, es verfolgt und ihm sexuelle Gewalt antun kann.

Problemsituation: Elternhaus

Nils (4. Schuljahr) beschreibt seine Angst vor der Vergewaltigung seiner Schwester. Er hat keine Anhaltspunkte, ahnt jedoch die

> Ich habe Angst um meine Schwester, weil sie immer so oft weg ist. Und wenn sie vergewaltigt wird, werde ich mindestens über 1 Jahr weinen. Ich hoffe das meiner Familie nichts passiert und wenn doch werde ich mich rechen.

„Ich habe Angst um meine Schwester, weil sie immer so oft weg ist. Und wenn sie vergewaltigt wird, werde ich mindestens über 1 Jahr weinen. Ich hoffe, dass meiner Familie nichts passiert, und wenn doch, werde ich mich rächen."

Problem: Angst vor Vergewaltigung, vor sexualisierter Gewalt

---

3 Das Bild wurde mit Angabe zu Namen und Alter der Internetstudie entnommen: R+V-Studie 2003-Kinderbilder.

Gefahr. Wie sich Monate später herausstellt, hatte er mit seiner Vermutung recht. Seine empfundene Ohnmacht drückt er im Text mit dem Begriff der Rache aus, mit dessen Hilfe er den Status der Gerechtigkeit in seiner Familie wieder herstellen will. Er begreift im Unterricht, dass Gewalt nie die Lösung ist, sondern dass das Aussprechen und Bewusstmachen sowie sinnvolles, mutiges Agieren hilfreicher im Umgang mit Angst und Bedrohung sind. Er ist dankbar, dass der Tatbestand der Vergewaltigung seiner Schwester aufgedeckt und mit den rechtlichen Mitteln der Demokratie bestraft wird.

Problemsituation: Schule

Jasmin (4. Schuljahr) malt ihre Angst, auf dem Weg zur Schule entführt zu werden. Sie hat sich in der Vergangenheit mit Zeitungstexten und Medienhinweisen über entführte Kinder beschäftigt. Im Morgenkreis formuliert

Problem: Angst vor Vergewaltigung, vor sexualisierter Gewalt

Ich habe Angst alleine zur Schule zufahren.

„Ich habe Angst alleine zur Schule zu fahren." (in der Sprechblase: Hilfe, so helft mir doch!)

Allgemeinpädagogische Zielsetzung: Kinder stärken und ermutigen

sie immer wieder ihr Nichtverstehen, wie Menschen so etwas gegen den Willen von Kindern tun können.

Problemsituation: Eigene Biografie
Judith (10 Jahre) malt ihre Angst vor Gewalt, vor sexueller Gewalt. Durch die Annahme ihrer Situation und eine Begleitung von Lehrperson und weiteren Fachkräften konnte dieses Mädchen ihre Lebensgeschichte und ihre Lernentwicklung positiv verändern.

Das ist meine größte Angst — Vater, Ich

Meine Ängste sind 3u groß, um es zu Malen. — Der Tod

Wofor ich Angst habe.
Vor dem Tod.
Vor meinem Vater.
Vor dem Asthma meiner Schwester.
Vor Mörder, Diebe und noch mehr.
Ich habe Angst vor unserem Geld.

Vor dem Asthma meiner Schwester.
Vor Mörder, Diebe und noch mehr.
Ich habe Angst vor unserem Geld.
Ich habe Angst vor dem Krieg, um die Menschen.
Ich habe Angst vor dem was ich sehe und fühl.
Ich habe Angst vor der Nacht, vor den Alpträumen.

Problem: Angst vor Vergewaltigung, vor sexualisierter Gewalt

Ulrike Itze

Aufgabe des Kindergartens und der Grundschule: Probleme wahrnehmen – verstehen – handeln

Die kindliche Angst vor sexueller Gewalt – insbesondere der Mädchen – bezieht sich vor allem auf das degradierende Gefühl des körperlichen Ausgeliefertseins an fremde Personen. Aber auch die Angst der Jungen vor Übergriffen wächst. „Mädchen und Jungen im Grundschulalter gehören mit 42% zu der am häufigsten betroffenen Opfergruppe von sexualisierter Gewalt.

Angst vor sexueller Gewalt: zweitgrößte Angst der Kinder 2006

Man geht davon aus, dass jedes vierte bis fünfte Mädchen und jeder neunte bis zwölfte Junge sexuell missbraucht wird. Neueren Studien zufolge, sind die Täter zu 25% Angehörige, zu 50% Bekannte und zu 25% Fremde."[4] Aus den Medien erfahren heute schon Grundschulkinder, dass ihre Angst vor sexueller Gewalt berechtigt ist, verschwinden doch immer wieder Kinder und werden zu Opfern von Sexualitätsverbrechen, die oft mit Todesfolge einhergehen. Die Angst vor einem Sittlichkeitsverbrechen gehört damit zur zweitgrößten Angst der Kinder in einer Umfrage 2006.[5]

---

4   Kruck, Marlene; Risau, Petra (2002), S. 137; die Angaben werden genannt unter Verweis auf Deegener 1997 und Boehme 2001.
5   Grafik: Die sieben größten Ängste der Kinder 2006, entnommen aus der Studie r+v (2006). Die Studie ‚Ängste der Kinder' führt das R+V-Infocenter für Sicherheit und Vorsorge seit 1994 durch; seit 1995 im zweijährlichen Rhythmus. Dadurch sind Aussagen über die Veränderung des Angstspektrums der Kinder möglich mit der Fragestellung, wovor Kinder am meisten Angst haben.

Allgemeinpädagogische Zielsetzung: Kinder stärken und ermutigen

Aufgabe von Kindergarten und Grundschule ist es, das Kind in seiner Gesamtpersönlichkeit mit seinen sozialen, emotionalen und kognitiven Fähigkeiten, mit seinen Stärken und Schwächen, aber auch mit seinen Ängsten, Sorgen und Problemen wahrzunehmen und in den Unterricht bzw. den Schulalltag einzubinden. Die Probleme der Kinder wahrnehmen und verstehen: Diese Handlungsschritte gehen einem adäquaten pädagogischen Handeln, der die Kinder im Umgang mit sich und den anderen „stark machen" soll, voraus. Die Stärkung und Ermutigung des Kindes steht im Zentrum eines präventiven pädagogischen Handelns. „Sich selbst zu kennen und zu mögen, in die eigenen Fähigkeiten zu vertrauen, ist der beste Schutz gegen Risiken und Verlockungen, mit denen Kinder immer besser allein fertig werden müssen, sobald sie den Fuß vor die Tür setzen - schließlich reicht es ja nicht, ihnen nur von dem gefährlichen Leben da draußen zu erzählen."[6] Herzenswärme, Freiräume und klare Regeln sind deshalb für Hurrelmann / Unverzagt (1998[4]) die entscheidenden Faktoren für die Entwicklung von Selbstbewusstsein und Konfliktfähigkeit, die wiederum die Fundamente einer gesunden Persönlichkeitsentwicklung sind.[7] „Von der Zusammenarbeit zwischen Schule und Elternhaus hängt es ab, ob die Anstrengungen der Lehrer und die Bemühungen der Eltern, gewaltlose, kreative und von gegenseitiger Achtung getragene Konfliktlösungen zu etablieren, auf fruchtbaren Boden fallen."[8]

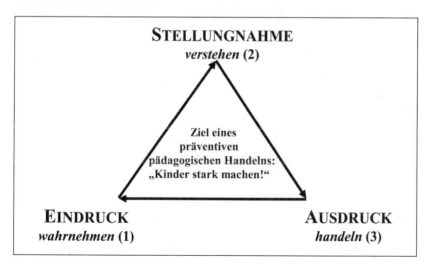

---

6   Hurrelmann, Klaus; Unverzagt, Gerlinde (1998[4]), S. 11.
7   Vgl. Hurrelmann, Klaus; Unverzagt, Gerlinde (1998[4]), S. 11, 45, 61ff.
8   Hurrelmann, Klaus; Unverzagt, Gerlinde (1998[4]), S. 175.

Präventive pädagogische Arbeit muss besonderen Wert auf den Umgang mit Emotionen legen. Petermann (2002) betont, wie umfassend emotionale Prozesse unser Denken, Entscheiden und Handeln beeinflussen[9]. Folglich haben emotionale Belastungen durch Problemsituationen – wie die der sexuellen Gewalt gegen Kinder – nicht nur für das Kind als Person, sondern auch für das schulische Lernen negative Auswirkungen. Pädagogisches Ziel für Kindergarten und Grundschule ist deshalb v.a. ein erlernter Umgang mit Emotionen (positive und negative Gefühle) bzw. der Erwerb einer emotionalen Kompetenz. Emotionale Kompetenz zeigt sich, „wenn Kinder in emotionalen Interaktionen mit anderen Personen selbstwirksames Verhalten zeigen können."[10]

Komponenten der emotionalen Kompetenz[11]:

1] der Emotionsausdruck:
 » Emotionen ausdrücken lernen,
 » empathisches Einfühlungsvermögen in Bezug auf die Gefühle anderer zeigen können,
 » Trennung von emotionalem Erleben und Ausdruck,

2] das Emotionsverständnis:
 » eigene Gefühle und Gefühle anderer unterscheiden können,
 » Emotionsvokabular erlernen und einsetzen können,

3] die Emotionsregulation:
 » negative Gefühle und positive Gefühle bewältigen können.

Erlernen eines Umgangs mit Emotionen - im Kindergarten- und Grundschulalter

Positiv: Freude, Stolz, Hoffnung
Negativ: Traurigkeit, Ärger, Angst, Furcht, Scham, Schuld, Neid, Hoffnungslosigkeit, Wut

Dabei ist die Erkenntnis zentral, dass die Emotionen einen hohen Einfluss auf die Sozialkompetenz der Kinder haben: Kinder mit einer guten Emotionsregulation zeigen eine hohe soziale Kompetenz, Kinder mit einer schlechten Emotionsregulation dagegen eine niedrige soziale Kompetenz.[12] „Starke Kinder" sind demnach

---

9 Vgl. Petermann, Franz (2002). Auch Spitzer (2007) betont, dass Lernen ohne Emotionen nicht möglich ist.
10 Petermann, Franz (2002) in Anschluss an Saarni (1999), S. 25.
11 Vgl. dazu Petermann, Franz (2002), S. 27 (Übersicht).
12 Vgl. Petermann, Franz (2002), S. 20.

Allgemeinpädagogische Zielsetzung: Kinder stärken und ermutigen

Grundlagen

„emotional und sozial starke Kinder" und gegen sexuelle Gewalt prinzipiell besser geschützt. Bartmann (2002) betont, wie wichtig es ist, die Emotionalität wieder als Dimension in den Unterricht einzubeziehen.[13]

Für das Kind: Förderung der emotionalen Kompetenz

» Im Klassenverband klare Verhaltensregeln und Verhaltensroutinen vorgeben, die für die Schüler/innen vorhersehbar sind. Dies führt dazu, dass sich die Schüler/innen ruhiger und sicherer fühlen.
» Über Gefühle reden und auf diese Weise den Schülern/innen helfen, eigene Emotionen und Emotionen anderer wahrzunehmen.
» Die Schüler/innen beim verbalen Ausdruck von Gefühlen (Ärger etc.) unterstützen.
» Bei den Schülern/innen die Fähigkeit zur Empathie fördern.
» Förderung der Emotionsregulation: negative und positive Gefühle bewältigen können.

Für den Unterricht: Emotionalität als Dimension des Grundschulunterrichts

» In Konfliktsituationen: Bedeutung der emotionalen Dimension
» 1.Schritt der Klärung:
Nehme das Gefühl bzw. die Stimmungen genau wahr!
2.Schritt der Klärung:
Sich Zeit lassen für das Reflektieren der Konfliktsituation!

Konsequenzen für die präventive Arbeit in Kindergarten und Grundschule: Kinder stärken und ermutigen

1] Der Unterricht bzw. die Unterrichtskultur hat sich an der Ganzheit des Kindes sowie der pädagogischen Grundhaltung der Stärkung und Ermutigung zu orientieren: „Kinder stark machen".
2] Kinder müssen ernst genommen werden mit ihren Hoffnungen und Wünschen, aber auch Ängsten und Sorgen. Kindergarten und Grundschule müssen sich der Problemsituationen annehmen, so auch der Problemsituation „Sexuelle Gewalt gegen Kinder".
3] Kindergarten und Grundschulen müssen neben der kognitiven stärker die emotionale und soziale Dimension berücksichtigen und fördern. Die Förde-

---
13 Vgl. Bartmann, Theodor (2002), S. 36ff.

rung der Kinder soll kindorientiert (individuell), ganzheitlich, sinnstiftend, dialogisch und existenzerschließend sein. Die Förderung bezieht sich immer zugleich auf den Bildungsweg (Lernentwicklung) und die Persönlichkeitsentwicklung des Kindes, da beides untrennbar miteinander verbunden ist.

Tipps für die tägliche Arbeit:
- » Morgenkreis mit Blitzlicht: Wie geht es mir heute?
- » kurze Gefühlsrunden: Wie geht es mir? (ev. mit Gefühlskarten)
- » Unterrichtsreihen: gute Gefühle – schlechte Gefühle; Malen von Gefühlen; Beschreiben von Gefühlen durch Gedichte oder Texte
- » Klassenbuch: Kinder schreiben negative Gefühle/ Konflikte, aber auch gute Gefühle hinein
- » Klassenrat: Gremium, in dem der Einzelne und eine Gruppe den Umgang mit Konflikten erlernen kann
- » Kummerkasten (geheim)
- » Sprechstunde für die Kinder

Literatur

Bartmann, Theodor (2002): Emotionalität als Dimension des Unterrichts. In: Itze, Ulrike; Ulonska, Herbert; Bartsch, Christiane (Hrsg.): Problemsituationen in der Grundschule. wahrnehmen – verstehen – handeln. Bad Heilbrunn, S. 34-44.

Gründer, Mechthild; Kleiner, Rosa; Nagel, Hartmut (2004[3]): Wie man mit Kindern darüber reden kann. Ein Leitfaden zur Aufdeckung sexueller Misshandlung. Weinheim und München.

Hurrelmann, Klaus; Unverzagt, Gerlinde (1999[4]): Kinder stark machen für das Leben. Herzenswärme, Freiräume und klare Regeln. Freiburg, Basel, Wien.

Itze, Ulrike; Ulonska, Herbert; Bartsch, Christiane (Hrsg.) (2002): Problemsituationen in der Grundschule. wahrnehmen - verstehen - handeln. Bad Heilbrunn.

Itze, Ulrike (2007): Kinderängsten in der Grundschule begegnen. Durch Symbole mit der Angst leben. Baltmannsweiler.

Koch, Helmut H.; Kruck, Marlene (1997): Prävention in der Grundschule. In: Ulonska, Herbert, Koch, Helmut H. (Hrsg.): Sexuelle Gewalt gegen Mädchen und Jungen. Ein Thema der Grundschule. Bad Heilbrunn, S. 141-179.

Kruck, Marlene; Risau, Petra (2002): Das Thema ‚sexualisierte Gewalt' in der schulischen Arbeit. In: Itze, Ulrike; Ulonska, Herbert; Bartsch, Christiane (Hrsg.): Problemsituationen in der Grundschule. wahrnehmen – verstehen – handeln. Bad Heilbrunn, S. 136-156.

Kunz, Stefanie; Scheuermann, Ulrike; Schürmann, Ingeborg (2007[2]): Krisenintervention. Ein fallorientiertes Arbeitsbuch für Praxis und Weiterbildung. Weinheim und München, S. 65-75 (Lernfall: ‚Kind in der Krise' am Beispiel eines sexuellen Missbrauchs).

Marquardt-Mau, Brunhilde (Hrsg.) (1995): Schulische Prävention gegen sexuelle Kindesmisshandlung. Grundlagen, Rahmenbedingungen, Bausteine und Modelle. Weinheim und München.

Petermann, Franz (2002): Risiken und Förderung der emotionalen Entwicklung im Grundschulalter. In: Itze, Ulrike; Ulonska, Herbert; Bartsch, Christiane (Hrsg.): Problemsituationen in der Grundschule. wahrnehmen – verstehen – handeln. Bad Heilbrunn, S. 20-33.

Studie des r+v Infocenters (2006): Die Ängste der Kinder 2006.

http://www.ruv.de/de/presse/r_v_infocenter/studien/aengste_kinder_2006_grafiken.jsp

Spitzer, Manfred (2007): Lernen. Gehirnforschung und die Schule des Lebens. München.

Einführung: Sexuelle Gewalt gegen Kinder

Herbert Ulonska

Definition Ich beginne meine Einführung in das Problemfeld „Sexuelle Gewalt gegen Kinder" mit einer Definition. Zuerst möchte ich auf einen begrifflichen Wandel von sexuellem Missbrauch über sexuelle Gewalt zu sexualisierter Gewalt aufmerksam machen. Dieser Wandel spiegelt auch die Forschungsgeschichte dieses uralten aber erst in den 70ziger Jahren von betroffenen Frauen aufgedeckten gesellschaftlichen Phänomens wider. Eine konsensfähige Definition scheitert immer noch an den verschiedenen Forschungsparadigmen, seien es die diagnostischen Ansätze oder die therapeutischen Ziele. So gehen wir von Definitionskriterien sexueller Gewalt aus. Ich nenne drei:

1] *Eindeutige* Kriterien sind: Inzest; Kinderpornographie; Kinderprostitution; Kinderhandel zum Zweck sexueller Ausbeutung; sexuelle Gewalt in ritualisierenden Gruppen; Sextourismus, Sexualmord. Darüber wird in den Medien hinreichend berichtet.

2] *Enge* Kriterien: Altersdifferenz zwischen Täter und Opfer von mindestens 3-5 Jahre; sexuelle Berührung des oralen, analen und genitalen Bereichs; Missachtung des Selbstbestimmungsrechts des Kindes; erzwungene Befriedigung sexueller Bedürfnisse gegenüber Schwächeren; Geheimhaltungsdruck mit Drohungen; Ausnutzung und Zerstörung des Vertrauensverhältnisses zwischen Opfer und Täter.

3] *Weite Kriterien:* Sexistische Sprache; sexuelle Ausbeutung kindlicher Neugier auf den eigenen Körper; mangelnde Empathie des Täters; als Spiel getarnte sexuelle Berührungen; pornographische Videos Kindern aufnötigen; machohaftes Verhalten tolerieren; als Aufklärung getarnte sexuelle Praktiken; Übertragung der alleinigen Verantwortung des Täters auf das Opfer.

Bei der Bestimmung des Ausmaßes sind die jeweiligen Fall-Definitionen und Befragungsinstrumentarien mitbestimmend. Exakte Zahlen gibt es nicht, was den Tatbestand keineswegs relativiert (z.B. als Medienrummel, Sensationslust, Missbrauch des Missbrauchs). Jedes missbrauchte Kind ist eines zuviel!

Jedes missbrauchte Kind ist eines zuviel!

Wird von zur Anzeige gekommenen Fällen ausgegangen (Inzidenz-Kriterium), so werden seit Jahren ca. 16.00 Fälle gezählt. Es sind Vergehen gegen die §§ 174/176-178 StGB.

Unberücksichtigt bleibt eine sehr hohe Dunkelziffer. Die genannte Zahl von 300.000 Fällen pro Jahr beruht auf realistischen Schätzungen, wobei Befragungen,

Fallanalysen, Erfahrungen aus Beratungsstellen herangezogen werden (Prävalenz-Kriterium). Werden mehrere empirisch gesicherte Daten korreliert ergibt sich folgender Mittelwert:

"Danach kann davon ausgegangen werden, dass 10-15% der Frauen und 5-10% der Männer (erg. im westlichen Kulturkreis) bis zum Alter von 14-16 Jahren mindestens einmal einen sexuellen Kontakt erlebt haben, der unerwünscht war oder durch die 'moralische' Übermacht einer deutlich älteren Person oder durch Gewalt erzwungen wurde." (Dirk Bange)

Täter Nach der Statistik sind es ca. 80% Männer und ca. 20 % Frauen. Das Durchschnittsalter der Täter liegt bei ca. 25 Jahren, das der Täterinnen bei ca. 30 Jahren. Doch die Täter werden immer jünger. Zur größten Gruppe gehören die bis zu 18-Jährigen. Bei den Frauen sind es ca. 32 %, bei Männern ca. 45 %. Mit steigendem Alter nimmt die Zahl der Täter/ Täterinnen ab. (Günther Deegener)

Die Täter stammen aus allen gesellschaftlichen und sozialen Schichten. Ebenso sind alle Altergruppen vertreten.

Auch das Hochspielen der Fremdtäter durch die Medien ist zu relativieren. Fremdtäter sind bei Männern ca. 33 %, bei Frauen ca. 35%. Der größte Teil der Täter stammt aus dem sozialen Nahbereich der Opfer. Der Täter ist seinen Opfern bekannt und ihnen im täglichen Umgang vertraut. Täterinnen sind zu ca. 23 % Angehörige, zu ca. 50% Bekannte, Täter zu ca. 17 % Angehörige, zu ca. 50 % Bekannte.

Die Täterprofile und ihre Strategien haben sich durch intensive Forschungen zur Pädosexualität genauer bestimmen lassen:

Fixierte Täter (auch Kern-Pädophile genannt) identifizieren sich mit Kindern bis zur Pubertät. Sie lieben das Kind *in sich*, sie praktizieren eine kindliche Sexualität, die sie als Pädophilie verstehen. Sexuelle Gewalt beginnt aber mit einer aufgezwungenen Sexualität. Sie dient der Befriedigung des erwachsenen Täters und nicht dem Bedürfnis des Kindes. Fixierte Pädosexuelle leben oft allein und sind kaum therapierbar.

Regressive Täter werden in Krisen- und Grenzsituationen gegenüber Kindern und Jugendlichern übergriffig. Erlebte und erlittene Mangelsituationen werden bei Schwächeren durch sexualisierte Gewalt kompensiert. Regressive Pädosexuelle sind verheiratet, leben bürgerlich, unauffällig und sind dadurch getarnt. Wenn sie eine Empathie für ihre Opfer erlernen, kann eine Therapie gelingen.

Einführung: Sexualisierte Gewalt gegen Kinder

Soziopathische Täter (oft Fremdtäter) ergreifen sexualisierte Macht über Schwächere (vor allem über Mädchen). In angestauten Frustrationserlebnissen werden diese explosionsartig durch sexualisierte Gewalt und Machtgelüste abreagiert. Diese unberechenbare, willkürliche Übergriffigkeit läßt sie zufällig ein Opfer ergreifen und oft auch töten. Sie werden oft zu langjährigen Haftstrafen verurteilt.

Erst in den 90-ziger Jahren wurde wahrgenommen, dass auch Frauen sexuelle Gewalt ausüben, auch wenn sie diese (bei Kleinkindern) leichter unter hygienischen und fürsorglichen Aspekten verbergen können. Für die Opfer zeigen sich vergleichbare zerstörerische Folgen.

Nach der Statistik sind es ca. 80% Männer und ca. 20 % Frauen. (...) Die Täter stammen aus allen gesellschaftlichen und sozialen Schichten.

Vor allem von Frauen missbrauchte Jungen haben es sehr schwer, Gehör für ihr Leiden zu finden.

Typisierbar sind: die *Liebhaberin*, die vorpubertäre und pubertierende Jungen missbraucht; die *Mittäterin*, die unter männlicher sexueller Gewalt steht und ohne Alterbegrenzung Opfer mit missbraucht; die *vorbelastete* Täterin, die selbst missbraucht wurde und das Erlebte den eigenen Kindern gegenüber wiederholt.

Folgen für die Opfer

Es wird zwischen Kurz- und Langzeitfolgen unterschieden. Internalisierende Kurzzeitfolgen sind z.B.: Phobien, Depressionen, Isolationen, kurz: psycho-somatische Störungen. Externalisierende Kurzzeitfolgen sind z.B.: offene Aggressionen gegen Personen und Sachen, offene sexualisierte Aktionen, auffälliges Sozialverhalten.

Langzeitfolgen sind: Autoaggressionen, Identitätszweifel, Dissoziationen; Eß-/Beziehungsstörungen, kurz: posttraumatische Belastungsstörungen.

Prävention

Es wird zwischen primärer, sekundärer und tertiärer Prävention unterschieden:

1] *Primäre*: Verhinderung von sexueller Gewalt durch Opferschutz, Täterprävention, Elternarbeit, Sexualaufklärung;
2] *sekundäre*: Wahrnehmen, Aufdecken und Beenden von sexueller Gewalt;
3] *tertiäre*: Folgen bearbeiten, neue Lebensbedingungen für Opfer schaffen, Tätern zur Schuldfähigkeit verhelfen.

Herbert Ulonska

Literatur

D.Bange/W.Körner (Hg.), Handwörterbuch Sexueller Missbrauch, 2002(Lit.);

Erkennen des sexuellen Missbrauchs: Verstehen der Psychodynamik

Ludger Kotthoff

Um Kindern in ihrer Not helfen zu können, ist es wichtig, sexuellen Missbrauch zu erkennen und richtig zu diagnostizieren. In der klinischen Psychologie ist man sich jedoch einig, dass es keine eindeutigen Merkmale und keine spezifische Symptomatik gibt, die auf sexuellen Missbrauch schließen lässt. Es ist daher nicht leicht, sexuellen Missbrauch zu erkennen. Fehldiagnosen lassen sich am ehesten vermeiden, wenn es gelingt, die Sichtweise des Kindes zu übernehmen, um zu verstehen, wie es mit der Gewalt und der Missachtung seiner Person umgeht und welche Bewältigungs- und Verdrängungsmechanismen es anwendet. Erst aus der Psychodynamik und der Verarbeitung der psychischen Schädigung lassen sich Schlussfolgerungen über sexuellen Missbrauch ableiten, was schwierig genug bleibt.

Die Schutzfunktion der Eltern

Eltern werden dann zu Eltern, wenn sie u.a. die biologische Aufgabe übernehmen, die Nachkommen vor Gefahren zu schützen. Kinder, vor allem Kleinkinder, sind schutzbedürftig, weil sie bestimmte Bedürfnisse nicht selbst befriedigen können. Neben den physiologischen Bedürfnissen z.B. nach Versorgung, Köperkontakt oder Abbau von Erregung sind es vor allem die psychologischen Bedürfnisse nach Zugehörigkeit und Angenommen sein einerseits und Autonomie und Unabhängigkeit andererseits.

Die Bindungsforschung zeigt, dass ein Kind erst dann altersgemäße Entwicklungsaufgaben bewältigen kann, wenn es eine sichere Bindung an eine feinfühlige, auf die Bedürfnisse des Kindes eingehende Bezugsperson hat. Erst wenn es sich geliebt und angenommen fühlt, kann es Vertrauen in sich und die Umwelt entwickeln.

> **Ein Kind, das nicht geliebt wird, ist potentiell gefährdet für Missbrauch. Es tut alles, um geliebt und akzeptiert zu werden.**

Ein Kind, das nicht geliebt wird, ist potentiell gefährdet für Missbrauch. Es tut alles, um geliebt und akzeptiert zu werden. Und wenn die Person, deren Liebe und Zuwendung es sucht und zu der es bei Not und Gefahr flüchten können müsste, selbst zur Bedrohung wird, wird die Situation hoffnungslos. Der Missbrauch traumatisiert es, macht es hilflos und verursacht einen nicht zu bewältigenden psychischen Konflikt zwischen dem Wunsch nach Nähe und der Angst vor Nähe, zwischen dem Wunsch nach Abgrenzung und Abwehr und der Angst vor Ablehnung und Ausgrenzung.

Traumatisierung durch sexuelle Gewalt

Man spricht von einem Trauma bei psychischen Schädigungen, die durch körperliche oder psychische Gewalt oder ernsthafte Verletzungen entstehen und mit intensiver Angst und Hilflosigkeit verbunden sind. Traumatisierung führt immer zu einem Zusammenbrechen des Selbstschutzsystems und ein zielgerichtetes, angemessenes Handeln ist kaum möglich. Besonders in der Kindheit, wenn die Bewältigungsmechanismen noch nicht voll ausgebildet sind, hat der Missbrauch, aber auch die Misshandlung schwerwiegende kognitive und emotionale Auswirkungen.

Besonders in der Kindheit, wenn die Bewältigungsmechanismen noch nicht voll ausgebildet sind, hat der Missbrauch, aber auch die Misshandlung schwerwiegende kognitive und emotionale Auswirkungen.

Judith Herman sagt in ihrem empfehlenswerten Buch „Narben der Gewalt": „Bei Erwachsenen greift wiederholtes Trauma eine bereits geformte Persönlichkeit an, bei Kindern dagegen prägt und deformiert wiederholtes Trauma die Persönlichkeit" (S.135). Die Fähigkeiten, die das Kind zur Verarbeitung des Traumas entwickeln muss, sind – wie sie sagt –„gleichermaßen kreativ wie destruktiv" (S.135). Kreativ, weil es trotz der Angst auslösenden Lebenssituation die Kontrolle bewahren muss und trotz der Hilflosigkeit den Glauben an die eigenen Kräfte und die Hoffnung, geliebt zu werden, nicht aufgeben darf. Destruktiv, weil die Abwehr- und Bewältigungsmechanismen der Verleugnung, Betäubung, Verdrängung und Spaltung (sog. Dissoziationen) seine Persönlichkeit verändern.

Verarbeitung der Stressbelastung

Kinder werden durch sexuellen Missbrauch unterschiedlich stark geschädigt. Es gibt Kinder, die eine Verletzung relativ gut verarbeiten, wenn die Unterstützung von der Familie oder von professionellen Helfern günstig ist. Grundsätzlich kann man sagen, dass die Stärke der Traumatisierung vom Alter des Kindes, der Dauer und der Intensität des Missbrauchs und von familiären Risikofaktoren wie z.B. Vernachlässigung oder Misshandlung abhängt. Je jünger das Kind ist, je länger die Schädigung dauert, je gewaltsamer und umfangreicher die sexuellen Praktiken sind und je weniger sich das Kind auf mindestens eine zuverlässige Bezugsperson verlassen kann, um so größer und gravierender sind die psychischen Auswirkungen.

Gehirnphysiologisch betrachtet, muss man Traumatisierung als Ausschüttung von Stresshormonen in hohen Dosen verstehen. Normalerweise kann man Stress durch Kampf oder Flucht verarbeiten. Missbrauchte Kinder verfügen aber nicht über diese Bewältigungsformen. Sie dürfen sich nicht wehren und können nicht weglaufen. Bei wiederholten, schädigenden Dosierungen kommt es zu strukturellen Veränderungen im Gehirn zu sog. „Bahnungen". Vergleichbar wie auf Autobahnen – so sagt Gerald Hüther, ein bekannter Hirnforscher – laufen unkontrolliert emotionale Reaktionen ab, die später auch in ähnlichen Stresssituationen vorkommen und überdauernden Charakter haben.

Folgende Bewältigungsversuche des Kindes sind zu beobachten:

a] Bewusstseinsveränderungen und Gedächtnisstörungen

Da das Kind die Vorstellung, dass die Bezugsperson, die es missbraucht, „böse" ist, nicht ertragen kann, muss es das Erlebte aus dem Bewusstsein und Gedächtnis verdrängen. Es muss den Missbrauch umdeuten z.B.

- durch Leugnung,
- durch Unterdrückung entsprechender Gedanken und Erinnerungen,
- durch dissoziative Reaktionen z.B. Tagträumen, Trancezustände,
- durch Ignorieren von Schmerzen bei sich selbst und anderen.

Diese Verdrängungsmechanismen bewirken, dass es oft nicht weiß, was Wirklichkeit und was Fantasie ist. Es kann nicht neugierig und ausprobierend lernen und die Welt erobern. Es bleibt infolge der emotionalen Belastungen in Entwicklungsstopps hängen, versäumt wichtige Erfahrungen und ist daher oft kognitiv mangelhaft ausgestattet, so dass es fast immer zu Lern- und Entwicklungsstörungen kommt.

b] Entwicklung eines negativen Selbst

Wenn die Realität des Missbrauchs nicht geleugnet werden kann, muss das Kind subjektiv einen Sinn für das Erlebte suchen. Seine Schlussfolgerung ist: Da die Eltern nicht schlecht sein können, muss das Böse in ihm sein. Es fühlt sich schuldig und von Grund auf schlecht und sieht die Ursache für den Missbrauch in seiner Person. Wenn es aber böse ist, kann es versuchen, gut zu werden, indem es sich anstrengt, sich extrem anpasst, brav ist, sich nicht wehrt und vieles mit sich machen lässt. Vielleicht – so vermutet es weiter - erhält es dann endlich Schutz und Fürsorge, die es so dringend braucht.

Ein missbrauchtes Kind identifiziert sich mit der Schuld, die ihm häufig zugesprochen wird, und die Tatsache, an sexuellen Handlungen beteiligt gewesen zu sein, ist ihm Beweis seiner Schlechtigkeit. Judith Herman sagt: „Das kindliche Opfer entwickelt ein vergiftetes, stigmatisiertes Identitätsgefühl, verinnerlicht damit das Böse des Misshandlers und kann so die Primärbindung an die Eltern bewahren"(S.147).

Es gelingt ihm nicht ein positives Selbstwertgefühl und ein integriertes Selbst zu entwickeln, das sowohl positive als auch negative Anteile vereinigt. Es spaltet sein Selbst in ein Gutes und ein Böses, zwischen denen es abrupt wechseln kann. Der Glaube an das böse Selbst ist sehr stabil. Wenn man ihm versichert, es hätte keine Schuld am Missbrauch, akzeptiert es das häufig nicht und weigert sich von Schuld freigesprochen zu werden.

c] Störung der Affekt- und Impulsregulierung

In der frühen Kindheit übernimmt normalerweise die Mutter die Steuerung und Regulierung von Erregung z.b. bei Hunger, Müdigkeit oder Unwohlsein. Die äußere Steuerung geht allmählich in innere Steuerung über. Ein früh traumatisiertes Kind hat keine innere, altersgemäße Regulation, da es keine Autonomie und Selbstkontrolle entwickeln konnte. Es passt sich zwar einer gut strukturierten Umgebung an, sobald eine Situation unorganisiert ist (z.B. in der Gruppe oder in der Schule) reagiert es impulsiv, aggressiv und ungesteuert. Es kann in eine furchtbare Wut geraten und ohne Mitgefühl blind auf andere eingeschlagen.

Es findet keine Ruhe und leidet unter chronischen Schlafstörungen. Durch seine erfahrene Schutzlosigkeit kann es sich dem Schlaf nicht hingeben. Es ist manchmal distanzlos, sexualisiert, hyperaktiv und leicht erregbar.

Auf Drohungen, verlassen zu werden, regiert es äußerlich mit Gelassenheit, heimlich aber mit Selbstverletzungen. Da die Schmerzen dissoziiert d.h. abgespalten werden, werden die Selbstverletzungen (z.B. Schneiden und Ritzen, Schlagen mit dem Kopf, Haare ausreißen) so lange fortgesetzt bis ein überwältigendes Gefühl von Ruhe und Erleichterung einsetzt.

Erkennen durch Wahrnehmen und Verstehen

Ein missbrauchtes Kind entwickelt also überdauernde, tiefgreifende, persönlichkeitsverändernde Anpassungsstrategien, wie die Dissoziation von Erinnerungen und Schmerzen, die Spaltung der Persönlichkeit, die Selbstverletzung und die Unfähigkeit, Erregung und Wut zu steuern.

Pädagogen sollten aufmerksam die Abweichungen im Verhalten und Erleben dieses Kindes wahrnehmen, d.h. hinschauen, sich Zeit nehmen, (...)

Trotz aller Persönlichkeitsveränderungen ist es bemüht, den Schein der Normalität zu wahren und die Zeichen dafür, dass das Kind leidet, so sagt Judith Hermann, sind in der Regel gut versteckt: „Meist erfährt bis zum Erwachsenenalter niemand die Geheimnisse missbrauchter Kinder" (S.154). Das ermutigt nicht gerade uns Pädagogen, kann uns aber für die inneren Prozess des Kindes und einen einfühlsamen Umgang mit dem Kind sensibilisieren. Besondere Aufmerksamkeit ist nötig bei Vernachlässigung und körperlicher Misshandlung, weil solch ein Kind für Signale von Zuwendung und Zärtlichkeit von Tätern besonders anfällig ist. Die endgültige Diagnose des sexuellen Missbrauchs muss Experten, kompetenten Kinderpsychologen und Kinderärzten vorbehalten bleiben. Pädagogen sollten aufmerksam die Abweichungen im Verhalten und Erleben dieses Kindes wahrnehmen, d.h. hinschauen, sich Zeit nehmen, Daten und Beobachtungen sammeln, bis sich – wie bei einem Puzzle die Bilder – die Daten und Informationen zusammenfügen. Wichtig ist, sich als Vertrauensperson anzubieten und zu versuchen, ohne bedrängende oder suggestive Fragen und ohne Neugier oder Übereifer, akzeptierende, ernst nehmende Gespräche zu führen.

Literatur

Hermann,J., Die Narben der Gewalt. Traumtische Erfahrungen versehen und überwinden. Paderborn 2003

Hüther,G., Die Bedeutung der emotionalenSicherheit für die Entwicklung des kindlichen Gehirns. In Gebauer,K., Hüther,G., (Hrsg). Kinder brauchen Wurzeln. Düsseldorf 2001, S. 15-34

Streeck-Fischer,A., Gezeichnet fürs Leben – Auswirkungen von Misshandlung und Missbrauch in der Entwicklung. In: Gebauer,K., Hüther,G., (Hrsg) Kinder brauchen Wurzeln. Düsseldorf 2001, S. 79-89

Streeck-Fischer,A., Frühe Misshandlung und ihre Folgen – Traumtische Belastungen in der Entwicklung. In: Stiftung zum Wohl des Pflegekindes (Hrsg.) 3. Jahrbuch des Pflegekinderwesens. Kontakte zwischen Pflegekind und Herkunftsfamilie. Idstein 2004, S.99-111

Entwicklung und aktuelle Ansätze der Präventionsarbeit
sowie praktische Möglichkeiten des Einsatzes von Medien und Materialien zur Prävention

Marlene Kruck-Homann

Wie können Kinder vor sexueller Gewalt geschützt werden? Diese Frage ist nicht neu, aber die Präventionskonzepte gegen sexuellen Missbrauch haben in den letzten Jahrzehnten einen deutlichen Wandel erlebt. So genannte „traditionelle Präventionsansätze" wurden bis in die 80er Jahre hinein praktiziert. Mit Verboten und Verhaltenshinweisen wurde versucht, Kinder – oder genauer gesagt – Mädchen vor sexuellem Missbrauch zu schützen. Warnungen vor männlichen Tätern, bezogen sich überwiegend auf den älteren Fremden mit der Bonbontüte im Park. Keine Informationen erhielten die Kinder über Täter und Täterinnen im unmittelbaren Bekannten- oder Verwandtenkreis oder über jugendliche Missbraucher und Missbraucherinnen. In der herkömmlichen Präventionsarbeit wurden den Kindern zudem weder Informationen über mögliche Formen der sexuellen Gewalt gegeben, noch erhielten sie ein Wissen über Handlungsstrategien oder Hilfsmöglichkeiten.

Ein typisches Beispiel der traditionellen Prävention aus einer Broschüre für Kinder aus dem Jahr 1970.

Zusammenfassend lässt sich festhalten: Die frühen Präventionsansätze bewirkten Verängstigungen, Desinformationen, Schuldzuweisungen, Einschränkungen der kindlichen Bewegungsfreiheit und eine Verstärkung der kindlichen Abhängigkeit.[1]

Diese frühen Präventionsansätze unterscheiden sich somit gravierend von den heutigen Präventionskonzepten, in denen es darum geht, Kinder zu informieren,

---

[1] Zu „traditionellen" Präventionsansätzen vgl. z.B. Braun/Enders in: Enders, 1995 S. 264ff. Oder Fey in: Büscher et al, 1992, S. 43ff. Oder: Koch/Kruck, 2000, S. 34ff.

zu stärken und selbstständig zu machen. Der Weg von der Abschreckungsprävention hin zu den heute aktuellen Präventionskonzepten, führte über eine *Weiterentwicklung der Präventionsansätze,* die vorwiegend in den USA stattfand. Dort folgte die Präventionsarbeit einer veränderten Blickrichtung: Nicht länger wurden Vermeidungsstrategien und Abwehrverhalten in den Vordergrund gestellt, sondern stattdessen eine Stärkung der Kinder fokussiert. Es entstand *„das Konzept der Aufklärung, der Information und des »empowerment«",* durch das die Kinder *„safe, strong and free"* werden sollen. Das bekannteste schulische US-amerikanische Präventionsprojekt aus dieser Zeit, das auch in Deutschland zum Einsatz kam, ist das Child Assault Prevention Projekt *(CAPP).* Aus heutiger Sicht wird unter anderem der „Impfcharakter" dieser ersten neueren Präventionskonzepte kritisiert. Der Versuch, innerhalb weniger Stunden durch Wissensvermittlung und mit einschlägigen Lehrsätzen *(„Say No!")* aus Mädchen und Jungen „sichere" Kinder zu machen, war zu kurzsichtig angelegt und bedurfte einer Überarbeitung.[2]

Unter Berücksichtigung der Mängel der traditionellen Prävention, der frühen amerikanischen Konzepte und unter Einbeziehung erster Evaluationsstudien setzt sich derzeit ein *neues, umfassendes Präventionsverständnis* durch. Dieses schreibt Prävention als sozialpolitische Aufgabe der Erwachsenen fest. Eine wesentliche Neuerung ist die Forderung, dass nicht länger nur Kinder als Adressaten präventiver Bemühungen fokussiert werden dürfen, sondern auch die präventive Erwachsenenbildung verstärkte Aufmerksamkeit finden muss. Wenn nicht in der Öffentlichkeit ein Bewusstsein und ein Wille geschaffen werden, um auf sexuelle Gewalt fördernde oder begünstigende Situationen zu reagieren, kann die präventive Stärkung und Aufklärung von Kindern kaum eine nachhaltige Wirkung haben.

In der Arbeit mit Kindern soll Prävention als Erziehungshaltung verstanden werden, was bedeutet, dass präventive Aspekte in die Gesamterziehung von Elternhaus, Kindergarten und Schule integriert werden müssen.

In der Arbeit mit Kindern soll Prävention als *Erziehungshaltung* verstanden werden, was bedeutet, dass präventive Aspekte in die Gesamterziehung von Elternhaus, Kindergarten und Schule integriert werden müssen.[3]

Eine Reihe von inhaltlichen Schwerpunkten, ist in der Präventionsarbeit mit Kindern inzwischen fest verankert. Diese *zentralen Themen* für die präventive Arbeit entwickelten sich als Reaktion auf die gezielten Strategien der Missbrauchstäter und Täterinnen und deren oft nahezu identischen Vorgehensweisen, mit denen der Kontakt zum Kind aufgebaut, das Kind gefügig gehalten und am Reden gehindert wird. Als wesentliche Inhalte haben sich die folgenden heraus kristallisiert:

---

2 Vgl. zur Kritik an CAPP z.B.: Braun in Bange/Körner, 2002, S. 40-42. Oder: Dibbern, 1989, S. 17-18. Oder: Marquard-Mau, 1995.
3 vgl. Braun, 1989, S. 18f.

Bestimmungsrecht über den eigenen Körper: Den Kindern wird vermittelt, dass ihr Körper ihnen gehört und dass sie das Recht haben, über ihn zu bestimmen. Sie sollen ihren Körper als wertvoll und liebenswert begreifen, Wissen über ihn, sowie eine Sprache für ihn haben.

Wahrnehmen von Gefühlen/Vertrauen auf die eigene Intuition: Die Kinder sollen lernen, sich auf ihre eigenen Gefühle und Intuitionen zu verlassen und diesen zu vertrauen, wenn ihnen irgendetwas bei Interaktionen mit anderen Personen nicht in Ordnung zu sein scheint. Gefühle müssen als wichtige Selbstschutzmomente des Körpers begriffen werden.

Umgang mit angenehmen, unangenehmen und verwirrenden Berührungen: Mit den Kindern wird geübt, Berührungen und deren Abhängigkeit von Personen, Situationen und Umständen einzuordnen und zu bewerten. Hierbei soll auch auf Veränderungen im Empfinden von anfänglich schönen Berührungen eingegangen werden.

Umgang mit Geheimnissen: Da viele TäterInnen den sexuellen Missbrauch als ein Geheimnis deklarieren, das das Kind unter keinen Umständen weiter tragen darf, wird den Kindern vermittelt, dass es Geheimnisse geben kann, die man nicht für sich behalten soll. Die Kinder sollen lernen, bedrückende Geheimnisse von angenehmen zu unterscheiden.

Selbstbewusstes Zustimmen und Ablehnen/Nein-Sagen-Können und Ja-Sagen-Können: Den Kindern wird vermittelt, dass sie das Recht haben, Grenzen zu setzen, dass dies aber nicht immer einfach ist. Wichtig ist, dass Kinder lernen, sich für eine missglückte Grenzsetzung nicht schuldig zu fühlen. Ebenso notwendig ist die Auseinandersetzung mit beglückenden und erfüllenden Begebenheiten, Empfindungen und Berührungen, die es zu bejahen gilt.

Informationen über Unterstützungssysteme: Die Kinder erhalten Informationen über Personen und Institutionen, bei denen sie Unterstützung bekommen können, falls sie Hilfe benötigen. Sie erfahren, dass sie Hilfe holen und über ihre Sorgen sprechen dürfen, auch wenn es jemand ausdrücklich verboten hat. Die Schwierigkeit des Hilfe-Holens darf dabei jedoch nicht übersehen werden.

Zum Teil werden noch weitere inhaltliche Aspekte als grundlegend für den Erfolg präventiver Arbeit angesehen, so z. B. die Bekräftigung, dass kein Erwachsener das Recht hat, Kindern Angst zu machen, die Benennung konkreter HilfsadressatInnen und die Bekräftigung, dass ein Kind niemals Schuld an einem sexuellen Missbrauch hat.[4]

Diese Präventionsschwerpunkte finden sich auch in den Richtlinien zur Sexualerziehung an den Schulen wieder. Prävention gegen sexuellen Missbrauch ist dort inzwischen als verbindliche Aufgabe der Schule festgeschrieben. So legen in Nordrhein-Westfalen die im Jahr 2000 in Kraft getretenen neuen schulischen *Richt-*

---

4   Vgl. Bange in: Bange/Körner, 2002, S. 448.

linien für die Sexualerziehung fest, dass möglichst fächerübergreifend und bereits in der Primarstufe beginnend präventiv gearbeitet werden soll. Die schulische Behandlung des Themas „sexuelle Gewalt" ist demnach nicht länger dem besonderen Engagement einzelner LehrerInnen überlassen, sondern als deutliche Verpflichtung anzusehen. In den Richtlinien heißt es:

> *„Schule muss sich dieser Problematik stellen. (...) Ein wesentlicher Beitrag zur Prävention ist die Aufklärung, dass es sexuellen Missbrauch gibt und dass Hilfe möglich ist. Ziel muss es sein, Autonomie und Handlungskompetenz von Mädchen und Jungen zu steigern, ihre Abwehrmöglichkeiten gegenüber sexuellem Missbrauch und sexueller Gewalt zu entwickeln sowie ihre Persönlichkeit und ihr Selbstwertgefühl zu stärken."*[5]

Die schulische Behandlung des Themas „sexuelle Gewalt" ist demnach nicht länger dem besonderen Engagement einzelner Lehrer und Lehrerinnen überlassen, sondern als deutliche Verpflichtung anzusehen.

Schulische Präventionsarbeit (und gleiches gilt für den Elementarbereich) ist in erster Linie *primäre, d.h. vorbeugende Arbeit* mit den Mädchen und Jungen. Nicht die Aufdeckung eines sexuellen Missbrauchs (sekundäre Prävention) oder die Aufarbeitung (tertiäre Prävention) sind Gegenstand des Unterrichts, sondern die Aufklärung und Stärkung der Kinder, um einen sexuellen Missbrauch nach Möglichkeit von vorneherein zu verhindern. Die enge Verzahnung aller drei Präventionsformen liegt auf der Hand.

Wie kann präventives Arbeiten in der Schule oder im Kindergarten konkret aussehen?

Die wenigen Untersuchungen, die bislang zur Wirksamkeit von Präventionsarbeit vorliegen, zeigen in einem Punkt eine große Übereinstimmung: Präventionsarbeit muss ganzheitlich und handelnd erfolgen, wenn sie eine längerfristige Wirkung haben soll! Die Erarbeitung der Präventionsschwerpunkte muss durch vielfältige Angebote geschehen, die den Kindern ein eigenständiges Erproben und ein Handeln mit allen Sinnen ermöglichen – ein Gespräch reicht nicht aus!

Inzwischen liegen eine Reihe von Medien und Materialien zur Präventionsarbeit vor, mit denen dieser Anspruch erfüllt werden kann. Doch auch ohne dicke Materialpakete lässt sich hier ideenreich arbeiten:

---

5   Richtlinien für die Sexualziehung in NRW, 1999, S. 16.

Entwicklung und aktuelle Ansätze der Präventionsarbeit

» Lieder mit präventiven Inhalten werden gesungen, ertanzt, mit Instrumenten begleitet und weitergedichtet,
» Körpererfahrungen können durch Körperübungen und Massagen im Sportunterricht gesammelt werden,
» Theaterstücke regen an zu eigenen Rollenspielen, zu Standbildern oder pantomimischen Übungen,
» Gefühle finden Ausdruck in Farben, Tönen, Bildern, Skulpturen
» Nein- und Ja-Gefühle werden laut und leise zum Ausdruck gebracht,
» Berührungen werden in Fühlkisten und Fühlwegen wahrgenommen, Berührungen mit Menschen werden in Kontaktspielen mit Mitschülern getestet,
» und, und , und.

Viele dieser Dinge sind Erzieherinnen und Erziehern sowie Lehrerinnen und Lehrern aus dem Alltag in Schule und Kindergarten sicher ohnehin vertraut!

Eine zusätzliche Möglichkeit ist die Arbeit mit Bilder- und Kinderbüchern im Rahmen der Präventionsarbeit. Es gibt inzwischen eine Reihe von Büchern für Kinder, die die Thematik des sexuellen Missbrauchs aufgreifen und zur Präventionsarbeit genutzt werden können. Die präventive Arbeit mit Büchern trägt vielfältige Chancen in sich; drei Aspekte werden an dieser Stelle heraus gegriffen:[6]

Bücher können helfen den *Wortschatz der Kinder im Gefühlsbereich zu erweitern*. Durch exemplarische Dialoge zeigen sie Kindern sprachliche Ausdrucksmöglichkeiten auf und stellen dar, wie über belastende Erlebnisse und verwirrende Gefühle geredet werden kann. Durch eine Identifikation der Rezipienten mit Buchfiguren finden häufig deren eigene Gefühle und Erlebnisse Eingang in die Geschichte.

Indem sich das lesende Kind mit dem Kind im Buch identifiziert und dessen Probleme, aber auch dessen Problemlösung und „Befreiung" mit durchlebt, kann es sich gedanklich auch ein Stück „befreiter" fühlen, im Sinne einer *bibliotherapeutischen Entlastung*.

Als entscheidende Hoffnung verbindet sich mit dem Einsatz von thematischen Büchern, dass Kinder *Modelle des Buches übernehmen* und diese im eigenen Leben ein- und umsetzen. Indem den Lesern und Leserinnen beispielhaft vorgeführt wird, wie mit Problemen umgegangen werden kann, wie Lösungen herbeigeführt werden können, und dass dies zu einer Verbesserung der emotionalen Befindlichkeit führt, erhofft man sich eine entsprechende Übertragung auf die Wirklichkeit. Bei diesem Aspekt ist jedoch besonders zu beachten, dass die aufgezeigte Modell-Lösung im Buch keine Überforderung der Kinder darstellen darf bzw. hier keine für Kinder unrealistische Möglichkeit propagiert werden soll.

---

6 Detaillierte Ausführungen zu den Chancen und Risiken von Kinder- und Jugendliteratur im Rahmen der Präventionsarbeit finden sich in dem Beitrag „Kinder- und Jugendliteratur im Kontext der Präventionsarbeit gegen sexuelle Gewalt" in diesem Band, S.117.

Vorgestellt wird im Folgenden ein kurzer Einblick in die Arbeit mit dem *Bilderbuch „Das kummervolle Kuscheltier" von Katrin Meier und Anette Bley*.[7] Das Bilderbuch erschien erstmalig 1996 und wurde 2006 in leicht veränderter Form nochmals neu aufgelegt. Es ist erschienen im Verlag arsEdition und kostet 12,95 €.

Cover des Bilderbuches „Das kummervolle Kuscheltier", Meier/Bley, 1996, arsEdition.

---

7 Zwei ausführlich dargestellte und evaluierte Schulprojekte mit diesem Bilderbuch finden sich in: Kruck, 2006, Band II.

Entwicklung und aktuelle Ansätze der Präventionsarbeit

Grundlagen

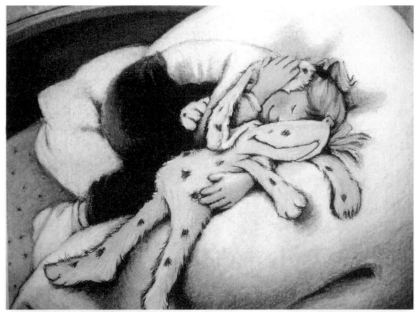

Bildausschnitt: „Das kummervolle Kuscheltier", Meier/Bley, 1996, arsEdition.

Bildausschnitt: „Das kummervolle Kuscheltier", Meier/Bley, 1996, arsEdition.

Marlene Kruck-Homann

Cover des Bilderbuches „Das kummervolle Kuscheltier", Meier/ Bley, 1996, arsEdition.

Zum Inhalt: Britt ist ein Mädchen im Kindergartenalter. Britts bester Freund ist ihr Kuscheltier, der Stoffhund Landolin. Mit diesem spielt und schmust sie oft und voller Wonne.

Ihm vertraut sie aber auch ihre Ängste, Sorgen und bedrückenden Geheimnisse an.

So auch die immer neuen sexuellen Übergriffe durch den Freund ihrer Mutter, denen sie ausgesetzt ist. Britt berichtet Landolin, dass sie „den Mann" zunächst gerne mochte, doch er immer wieder „Spiele" mit ihr macht, die ihr wehtun und ihr Angst machen.

Als sich Britts Not bis ins Unerträgliche steigert, verlässt Landolin

Cover des Bilderbuches „Das kummervolle Kuscheltier", Meier/ Bley, 1996, arsEdition.

Entwicklung und aktuelle Ansätze der Präventionsarbeit

Grundlagen

seine Rolle als stummes Kuscheltier und entlastet Britt durch eine klare Schuldzuweisung an den Täter. Britt fasst daraufhin den Entschluss, Hilfe bei der Nachbarin, ihrer erwachsenen Freundin Frau Fröhlich, zu suchen.

Zum Buch: Bei diesem Bilderbuch fallen auf den ersten Blick die gelungene Illustration und die beeindruckende Farbgestaltung ins Auge. Warme und freundliche, orange-gelbe Farben rahmen die sehr offene, aber dennoch kindgerechte Darstellung der sexuellen Gewalt ein. Die deutlich skizzierten Gefühle des Kindes werden zusätzlich durch die Körperhaltung des Kuscheltieres verstärkt und unterstrichen. Inhaltlich greift das Buch alle wesentlichen Präventionsschwerpunkte auf und räumt auch der Darstellung positiver Aspekte einen breiten Raum ein.

Schauen wir exemplarisch auf den Themenkomplex „Geheimnisse":

Das Buch greift diesen Schwerpunkt an verschiedenen Stellen auf und zeigt und erläutert schöne wie beängstigende Geheimnisse. Zunächst bietet es sich an, mit den Kindern unabhängig vom Buch die Bedeutung von „Geheimnissen" anhand

Bildausschnitt: „Das kummervolle Kuscheltier", Meier/Bley, 1996, arsEdition.

Marlene Kruck-Homann

Cover des Bilderbuches „Das kummervolle Kuscheltier", Meier/Bley, 1996, arsEdition.

eigener Beispiele zu klären. Zuweilen werden von den Kindern in dieser Phase bereits Geheimnisse genannt, die nicht nur schön und spannend, sondern auch unangenehm oder gar bedrohlich sein können. So kann dann bereits der Begriff des „Bauchwehgeheimnisses" eingeführt werden. Es ist wichtig, nicht nur die mögliche negative Seite von Geheimnissen zu besprechen, sondern auch viel Raum für die Freude und das

Cover des Bilderbuches „Das kummervolle Kuscheltier", Meier/Bley, 1996, arsEdition.

Grundlagen

Entwicklung und aktuelle Ansätze der Präventionsarbeit

Bildausschnitt: „Das kummervolle Kuscheltier", Meier/Bley, 1996, arsEdition.

Vergnügen an Geheimnissen einzuräumen. So lieben die Kinder es, sich selbst eine Sternenkiste für schöne Geheimnisse zu bauen, wie sie das Mädchen Britt im Buch hat. Im Buch gibt es dann noch eine ganze Reihe schöne Geheimnisse zu entdecken und zu besprechen.

Meist ziehen dann bald die schlechten Geheimnisse, die des sexuellen Missbrauchs, das besondere Interesse der Kinder auf sich. Auch diese können wieder im Buch gesucht und ausgiebig besprochen werden.

Das Buch stellt die beiden Arten von Geheimnissen deutlich gegenüber und lässt das Kuscheltier erläutern:

> *„Der Mann hat Geheimnisse mit dir. Das magst du nicht. Das macht dir Angst.*
> *Denn du bist kein Kuscheltier, und solche Geheimnisse tun dir weh!"*

Weiterarbeit: Mit den Mädchen und Jungen kann man nun weiter an der Unterscheidung von Geheimnissen arbeiten. Sie erhalten z.B. ein solches Arbeitsblatt und ein Textblatt mit verschiedenen Geheimnissen, die sie alleine oder mit einem Partner als schöne Geheimnisse oder als Bauchwehgeheimnisse erkennen sollen und entsprechend in den Bauch oder die Sternenkiste einordnen können.

Marlene Kruck-Homann

Ein weiterer wichtiger Aspekt ist, der Umgang mit schlechten Geheimnissen. Die Kinder erkennen oft selbst: „Die müssen wieder raus aus dem Bauch". Auch hier hilft ein Arbeitsblatt, durch das klar ersichtlich ist, dass die Bauchwehgeheimnisse durch den Mund, also durchs „Darüber-Sprechen" herauskommen können. Der Merkspruch von Gisela Braun wird von den Kindern meist schnell auswendig gelernt:

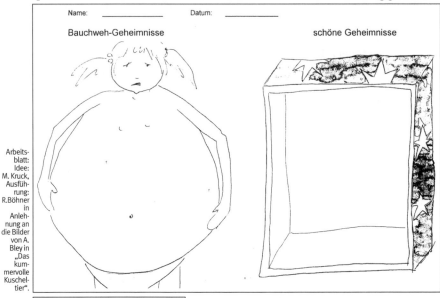

Arbeitsblatt: Idee: M. Kruck, Ausführung: R.Böhner in Anlehnung an die Bilder von A. Bley in „Das kummervolle Kuscheltier".

Bildidee: M. Kruck, Ausführung: R.Böhner in Anlehnung an die Bilder von A. Bley in: „Das kummervolle Kuscheltier," Text: G. Braun, 1989, S. 52.

Bauchwehgeheimnisse müssen raus aus dem Bauch!
Wenn du sagst, ich soll nicht fragen,
soll mich nichts zu sagen wagen,
sagt mir mein Gefühl im Magen:
Ich werd`s trotzdem weitersagen!

Die Überleitung zum nächsten Themenschwerpunkt „Hilfeholen" liegt nun auf der Hand, auch dazu bietet das Buch wieder viele Anregungen.

Literatur

Bange, Dirk/Körner (Hrsg.) (2002): Handwörterbuch Sexueller Missbrauch. Göttingen, Bern, Toronto, Seattle.

Bange, Dirk (2002): Prävention mit Kindern. In: Bange/Körner (Hrsg.): Handwörterbuch Sexueller Missbrauch. Göttingen, Bern, Toronto, Seattle. S. 447-455.

Braun, Gisela/Enders, Ursula (1995): „Geh nie mit einem Fremden mit!" - Wie Kindern Angst gemacht wird! In: Enders (Hrsg.): Zart war ich, bitter war's. Handbuch gegen sexuelle Gewalt an Mädchen und Jungen. Köln. S. 264-267.

Braun, Gisela (2002): CAPP - Child Assault Prevention Project. In: Bange/Körner (Hrsg.): Handwörterbuch Sexueller Missbrauch. Göttingen, Bern, Toronto, Seattle. S. 40-42.

Braun, Gisela (1989): Ich sag' Nein. Mülheim a. d. Ruhr.

Dibbern, Angelika (1989): Finger weg von CAPP. In: Deutscher Kinderschutzbund e.V. (Hrsg.): Das ist unser Geheimnis. Sexuelle Ausbeutung von Kindern. Bedingungen - Familiendynamik - Handlungsfelder. Sonderdruck aus „Kinderschutz aktuell" 2/1989. Hannover. S. 17-18.

Enders, Ursula (Hrsg.) (2001): Zart war ich, bitter war's. Handbuch gegen sexuellen Missbrauch. Vollständig überarbeitete und erweiterte Neuausgabe. Köln.

Enders, Ursula (Hrsg.) (1995): Zart war ich, bitter war's. Handbuch gegen sexuelle Gewalt an Mädchen und Jungen. Köln.

Fey, Elisabeth (1992): Möglichkeiten und Grenzen von Prävention - Bedeutung und Hintergründe von sexuellem Mißbrauch. In: Büscher/Gegenfurtner/Kenkens/Heid (Hrsg.): Sexueller Mißbrauch von Kindern und Jugendlichen. Beiträge zu Ursachen und Prävention. Essen. S. 43-70.

Koch, Helmut H./Kruck, Marlene (2000): „Ich werd's trotzdem weitersagen!" Prävention gegen sexuellen Mißbrauch in der Schule (Klassen 1-10). Theorie, Praxisberichte, Literaturanalysen, Materialien. Münster.

Kruck, Marlene (2006): Das Schweigen durchbrechen – Band I: Sexueller Missbrauch in der deutschsprachigen Kinder- und Jugendliteratur. LIT-Verlag, Münster.

Kruck, Marlene (2006): Das Schweigen durchbrechen – Band II: Einsatzmöglichkeiten von Kinder- und Jugendliteratur zur Thematik des sexuellen Missbrauchs im Rahmen der schulischen Präventionsarbeit. LIT-Verlag, Münster.

Marquardt-Mau, Brunhilde (Hrsg.) (1995): Schulische Prävention gegen sexuelle Kindesmißhandlung. Grundlagen, Rahmenbedingungen, Bausteine und Modelle. Weinheim, München.

MSWWF (=Ministerium für Schule und Weiterbildung, Wissenschaft und Forschung des Landes NRW) (Hrsg.) (1999): Richtlinien für die Sexualerziehung in NRW. Düsseldorf.

Rechtliche Aspekte:
Verdacht eines sexuellen Missbrauchs – Anzeigepflicht? –Strafanzeige – Strafverfahren

Sabine Schumacher

Der Verdacht oder gar das Wissen von sexualisierter Gewalt an einem Kind bedeutet für Sie eine Situation der besonderen persönlichen Belastung.

Sicherlich tauchen Gefühle der Wut, Aggression, Ohnmacht aber auch Zweifel und Unsicherheit auf. Auf der einen Seite muß das Kind vor weiteren Übergriffen geschützt werden, auf der anderen Seite werden Sie sich fragen:

Wie kann bzw. muß ich mich verhalten und werde dabei nicht selber zur Verantwortung gezogen?

Wenn Ihnen ein Kind von sexualisierter Gewalt berichtet, müssen Sie die Krisenaftigkeit der Situation einfach akzeptieren. Führen Sie sich vor Augen, dass schon viel Positives passiert ist:

» Sie haben zu dem Kind ein solches Vertrauensverhältnis, dass es mit diesem entsetzlichen Erlebnis zu Ihnen kommt.
» Das Kind hat seine Angst und Schuldgefühle überwunden, um sich Ihnen zu öffnen.
» Die erste Voraussetzung für Schutz und Hilfe ist erfüllt: eine 3. Person hat von der sexualisierten Gewalt an dem Kind erfahren.

Erste Schritte Handlungsmaxime für den weiteren Umgang mit dem Verdacht oder dem Wissen davon ist ein überlegtes und einfühlsames Vorgehen, wobei im Mittelpunkt immer der Schutz des betroffenen Kindes stehen muß. Übereiltes und schnelles Handeln schadet ihm mehr, als das es nützt.

Um Ihnen vor den weiteren Ausführungen schon *Ihre* mögliche *persönliche Sorge* zu nehmen, ist festzuhalten, dass es keine Anzeigepflicht bei Sexualisierter Gewalt gibt. Dies gilt sowohl für eine begangene Tat als auch für eine geplante Tat. Für eine nicht erfolgte Anzeige können Sie nicht strafrechtlich belangt werden. Sogar für das Jugendamt besteht nur in bestimmten Fällen eine Anzeigepflicht, aber immer nur zur Abwehr möglicher zukünftiger Taten.

Sie haben keine Verantwortung für die Tat, die liegt allein beim Täter. Sie haben auch keine Pflicht zur Anzeige. Ihre Verantwortung ist es aber, schnell und überlegt

Sabine Schumacher

zu handeln zum Schutz des Kindes, d.h. nichts zu überstürzen aber auch nichts hinauszuzögern.
Was können Sie denn nun konkret unternehmen?
Sie sollten sich unbedingt umgehend Informationen und Unterstützung in den Fachberatungsstellen holen. Wir haben hier Vertreter der entsprechenden Fachberatungsstellen im Kreis Warendorf, die Ihnen sicherlich nachher noch für Fragen zur Verfügung stehen. Hier können Sie den Fall auch anonym darstellen, und man wird mit ihnen das weitere sinnvolle Vorgehen besprechen.

Straftaten gegen die sexuelle Selbstbestimmng
Bevor ich weiter auf Strafanzeige und –verfahren eingehe, möchte ich Ihnen kurz die Straftaten gegen die sexuelle Selbstbestimmng im 13. Abschnitt des STGBs erläutern.

Dort wird u.a. der sexuelle Mißbrauch unter Strafe gestellt, die sexuelle Nötigung und Vergewaltigung, die Förderung sexueller Handlungen Minderjähriger, Exhibitionismus, aber auch das Verbreiten pornographischer Schriften in bestimmten Fällen z.b. an eine Person unter 18, generell Verbreitung, Erwerb und Besitz kinderpornographischer Schriften. In dem Katalog der Straftaten gegen die sex. Selbstbestimmung finden Sie keine Definition des sexuellen Mißbrauchs, es wird vielmehr nur von sexuellen Handlungen gesprochen.

(Es) ist festzuhalten, dass es keine Anzeigepflicht bei Sexualisierter Gewalt gibt. Dies gilt sowohl für eine begangene Tat als auch für eine geplante Tat.

Diese werden in § 184f definiert: sex. Handlungen sind solche, die im Hinblick auf das geschützte Rechtsgut von einiger Erheblichkeit sind, und sex. Handlungen vor einem anderen sind nur solche, die vor einem anderen vorgenommen werden, der den Vorgang wahrnimmt. Unstreitig fallen darunter Beischlaf und homo- und heterosex. Ersatzhandlungen, Betasten des Geschlechtsteils, der weibl. Brust, auch beim bekleideten Opfer, Greifen in die Schambehaarung, in bekleidetem Zustand vorgenommene beischlafähnliche Bewegungen bei einem Kind, Fotografieren eines Kindes in geschlechtsbezogener Position. Bei einer sexuellen Handlung vor einem anderen muß der andere den Vorgang wahrnehmen ihn aber nicht in seiner Bedeutung verstehen.

Bei einem so verstandenen sex. Mißbrauch handelt es sich um ein *Offizialdelikt*, d.h. nach Anzeigeerstattung ist die Strafverfolgungsbehörde uneingeschränkt verpflichtet, ein Ermittlungsverfahren einzuleiten und durchzuführen. Dieses kann auch nicht durch die Rücknahme der Anzeige gestoppt werden. Lassen Sie sich bitte nicht von diesem Gedanken Angst machen. Es besteht für das Opfer und seinen gesetzl. Vertreter später immer noch die Möglichkeit, bei den Ermittlungsarbeiten nicht mehr mitzuarbeiten.

Rechtliche Aspekte

Grund**lagen**

Wer kann nun Anzeige erstatten? Grundsätzlich jeder, der von dem sex. Mißbrauch Verdacht oder Kenntnis hat., also auch Außenstehende.

Anzeige kann erstattet werden beim Amtsgericht, der Staatsanwaltschaft oder der Polizei am besten bei den Fachdienststellen.

Dies kann auch anonym erfolgen. Auch eine anonyme Anzeige ist besser als das bloße Wegschauen, was zumindest wohl eine moralische Mitschuld begründet

Nach der Anzeige beginnen die polizeil. Ermittlungen. Sind diese abgeschlossenwerden die Unterlagen an die Staatsanwaltschaft weitergeleitet. Dort beginnt dann das offizielle Ermittlungsverfahren. An seinem Ende wird das Verfahren entweder eingestellt oder es wird Anklage erhoben und die Eröffnung des Hauptverfahrens beim Gericht beantragt.

Bei einem so verstandenen sex. Mißbrauch handelt es sich um ein Offizialdelikt, d.h. nach Anzeigeerstattung ist die Strafverfolgungsbehörde uneingeschränkt verpflichtet, ein Ermittlungsverfahren einzuleiten und durchzuführen.

Der damit erhobenen öffentl. Klage kann sich das Opfer mit einer Nebenklage anschließen und damit auf verschiedene Weise auf das Verfahren einwirken. Die Kosten für eine anwaltl. Vertretung bei der Nebenklage müssen nicht unbedingt vom Opfer getragen werden. Es gibt verschiedene Möglichkeiten des Ersatzes.

Am Ende der gerichtl. Ermittlungen beschließt das Gericht entweder seine Einstellung oder, wenn der Angeschuldigte der Straftat hinreichend verdächtig ist, die Eröffnung des Hauptverfahrens. In dem sich anschließenden Strafprozess wird der Angeschuldigte zum Angeklagten.

Verjährungsfrist
Als letztes bleibt auf der rechtl. Seite des sex. Mißbrauchs zu erwähnen, dass die Verjährungsfrist des Grundtatbestandes des sex. Mißbrauchs bei Kindern 10 Jahre beträgt. Sie ruht bis zur Vollendung seines 18. Lebensjahres, d.h. dann beginnt sie erst zu laufen. Nach ihrem Ablauf ist die Ahndung der Tat und Anordnung von Maßnahmen ausgeschlossen.

Fazit
Zusammenfassend möchte ich am Schluß meiner Ausführungen nochmals festhalten:

Sollten Sie den Verdacht oder das Wissen einer sexualisierten Gewalt gegen ein Kind haben, steht sein Schutz und seine Hilfe im Mittelpunkt. Alle Handlungsschritte orientieren sich daran. Unterstützen Sie das Kind mit seinen Gefühlen und

Bedürfnissen. Verstehen Sie sich als Teil eines Hilfesystems und leisten Sie im Rahmen Ihrer Tätigkeit, Ihren Aufgaben und Möglichkeiten Ihren Beitrag zu seinem Schutz und seiner Hilfe.

Gestatten Sie mir bitte noch darüber hinaus eine weitere Anmerkung :
Der Schutz und die Hilfe aber auch die Prävention muß als ein gemeinsamer Prozess aller beteiligten Institutionen verstanden werden. Jede für sich ist ein Teil des Hilfeprozesses, alle zusammen kooperieren. Kooperieren heißt natürlich nicht, Aufgaben und Verantwortung abzuwälzen, sondern Aufgaben zu verteilen und zu koordinieren entsprechend der Aufgabe der jeweiligen Einrichtung. Eine Kooperation setzt vor allen Dingen aber Vertrauen in sie voraus. Ein solches Vertrauen kann aber nur entstehen, wenn Kooperationsbeziehungen nicht nur auf krisenhafte Einzelfälle beschränkt werden, die äußerst spannungsgeladen sind und von einem hohen Zeitdruck bestimmt werden. Hier entstehen häufig zu hohe Erwartungshaltungen an den Kooperationspartner. Mögliche Enttäuschungen können vermieden werden, wenn im Vorfeld schon Aufträge, Handlungsmöglichkeiten aber auch Grenzen der Kooperationspartner klar sind. Besteht dieses Vertrauen, ist eine Zusammenarbeit in Krisensituationen unkompliziert und effektiv möglich.

Der Aufbau und die Pflege von Kooperationsbeziehungen außerhalb akuter Krisenintervention ermöglicht eine sinnvolle Präventionsarbeit und eine unkomplizierte und effektive Zusammenarbeit zum Wohl und Schutz des Kindes in Krisensituationen.

> **Eine Kooperation setzt vor allen Dingen aber Vertrauen in sie voraus.**

Mütter stärken und ermutigen
Zusammenarbeit mit Müttern bei der schulischen Präventionsarbeit gegen sexuellen Missbrauch

Monika Friedrich

Einleitung Ich beginne mit einer Forderung:
Schulische Präventionsarbeit gegen sexuelle Gewalt an Kindern sollte sich zuallererst an Erwachsene wenden, hier also an

> *"Eltern, Pädagoginnen und Pädagogen und dabei fundierte Informationen über sexuellen Missbrauch und Sexualerziehung liefern. So liegt es auf der Hand, dass schulische Prävention auch Elternarbeit mit einschließen sollte"* (Wanzeck-Sielert 2004, 458).

Ich möchte mich hier besonders den Müttern als Zielgruppe zuwenden, was aber nicht bedeutet, dass die Väter keine Rolle bei der schulischen Präventionsarbeit spielen sollten. Im Gegenteil, gerade wegen des zunehmenden Engagements von Vätern bei der Erziehung ihrer Kinder ist es besonders wichtig, sich auch mit dieser Zielgruppe näher zu befassen.

Und nun noch ein einleitender Gedanke:
Ich bin mir der Tragweite der oben zitierten Forderung bewusst und möchte gleich zu Beginn eine Einschränkung machen: Schule kann nicht allein alle Aspekte präventiver Arbeit leisten, damit wäre sie überfordert. Das pädagogische Personal kann und sollte aber die Eltern in die Präventionsarbeit einbeziehen und informierend und ermutigend tätig werden. Nur in einer „konzertierten Aktion" von Schule und Eltern ist die Aussicht auf gelingende Prävention gegen sexuelle Gewalt realistisch und Erfolg versprechend.

Monika Friedrich

Hürden, die schulischer Präventionsarbeit mit Müttern „im Weg stehen"

Trotz vieler sozialer Veränderungen in den Familien sind auch heute noch überwiegend die Mütter die Hauptverantwortlichen für Erziehungsaufgaben, für Sexualaufklärung in der Familie und für Kontakte zur Schule. Damit sind sie gleichsam die „geborenen" Ansprechpartnerinnen für Lehrerinnen und Lehrer in allen schulischen Belangen. Zudem ist über die allgemeine Schulpflicht der größtmögliche Zugang zu den Müttern gegeben.

Mit Blick auf präventive Arbeit gegen sexuellen Missbrauch ist es wichtig, diese Zugangsmöglichkeiten konstruktiv zu nutzen. Unabhängig davon muss aber auch bedacht werden, dass es bei der Einbindung der Mütter in schulische Präventionsarbeit eine Reihe von hohen Hürden zu überwinden gilt.

Die erste und wohl gesamtgesellschaftlich bedeutsamste Hürde ist eine ideologische. Auch heute noch ist Sexualität in vielen Familien ein tabuisiertes Thema.

Auch heute noch ist Sexualität in vielen Familien ein tabuisiertes Thema.

Das trifft auch zu, wenn wir berücksichtigen, dass gegenwärtig eine scheinbar große Freizügigkeit dem Thema gegenüber herrscht. Dabei handelt es sich aber in der Regel um eine kommerzielle Verwertung und Vermarktung von Sexualität, nicht um einen aufgeklärten, offenen Umgang mit ihr.

Besonders bezüglich sexueller Aufklärung liegt noch viel im Argen. In vielen Familien wird selten über Sexualität gesprochen, noch seltener über die der Eltern. Kinder und Jugendliche – aber auch viele Eltern – haben oft nur ein unrealistisches, verwirrendes Halbwissen über Sexualität.

Eine weitere ideologische Hürde: Eltern blenden die Möglichkeit eines sexuellen Missbrauchs am eigenen Kind aus ihrem Denkhorizont aus. Sie halten eine solche Tat nicht für möglich, wollen sie nicht wahrhaben, wehren den Gedanken daran ab. Noch gravierender ist die Verdrängung, wenn es sich um Inzest handelt. So etwas, so die allgemein verbreitete Meinung, gibt es doch nur bei anderen, nicht in der eigenen Familie.

Aber auch Ängste der Mütter vor einer Aufdeckung von sexueller Gewalt am eigenen Kind sind häufig. Sie bilden eine hohe Hürde. Besonders bei Inzest oder sexuellem Missbrauch durch Nahestehende spielen Scham, Angst vor Schande und vor Statusverlust eine große Rolle.

Die Ängste vor möglichen materiellen Konsequenzen bei Aufdeckung eines Missbrauchs sind oft hoch. Sie reduzieren die Bereitschaft von Müttern, sich mit sexuellem Missbrauch am eigenen Kind auseinanderzusetzen. Das gilt selbst bei Ahnungen oder realen Befürchtungen. Diese Ängste bilden eine hohe Hürde für die Mütter, sich in schulische Präventionsarbeit einbinden zu lassen.

Hürden, die schulischer Präventionsarbeit bei Lehrerinnen und Lehrern „im Weg stehen"

Den o.g. Hürden, die häufig bei den Müttern erst überwunden werden müssen, stehen aber auch Hürden bei dem mit Präventionsarbeit betrauten pädagogischen Personal gegenüber.

Lehrerinnen, Lehrer und Eltern sind oft ähnlich sozialisiert, sie gehören meist der gleichen Generation an oder sind älter. Auch Lehrerinnen und Lehrer unterliegen dem Tabu, über Sexualität zu sprechen. Besonders den Älteren unter ihnen fällt es oft besonders schwer, sich mit ihrer eigenen Sexualität auseinanderzusetzen. Dies ist aber eine Voraussetzung für gelingende Präventionsarbeit.

Eine weitere Hürde ergibt sich aus der Komplexität eines weiter gefassten Begriffs von Sexualität, der neben dem Fruchtbarkeitsaspekt auch den der Lust, der Beziehung, der Ausbildung der sexuellen Identität und der Kommunikation über sexuelle Belange einschließt. Der Fruchtbarkeitsaspekt wird meist im Biologie- und Aufklärungsunterricht behandelt. Im schulischen Kontext fällt es schwer, sexuelle Lust, Beziehungsaspekte, die Voraussetzungen der Bildung einer gelungenen sexuellen Identität oder die sexuelle Kommunikation zu thematisieren. Ein wichtiger Grund ist hier auch, dass es in unserer Alltagssprache an einem geeigneten, wertneutralen Vokabular fehlt.

> Präventiv gegen sexuelle Gewalt arbeitende Lehrerinnen und Lehrer befürchten mangelnde Solidarität des Kollegiums.

Besonders hoch ist die Hürde der Unsicherheit: Was kann, darf oder muss ich tun, was unterlassen, wenn im Zuge der Aufklärungsarbeit mit den Müttern der Verdacht eines sexuellen Missbrauchs in einer Familie aufkeimt? Die Unsicherheit, besonders bezüglich möglicher rechtlicher Konsequenzen, bewirkt häufig, dass sich Lehrerinnen und Lehrer dem Problem gar nicht erst stellen. Sie sind so von vorn herein nicht bereit, mit Müttern präventiv zu arbeiten.

Präventiv gegen sexuelle Gewalt arbeitende Lehrerinnen und Lehrer befürchten mangelnde Solidarität des Kollegiums. Sie vermuten oft, dass ihnen bei möglichen Schwierigkeiten mit Eltern keine oder wenig Unterstützung der Kolleginnen und Kollegen zuteil wird. Solche Befürchtungen stellen eine zusätzliche hohe Hürde dar.

Mütter stärken: Überwindung der Hürden

Die Hürden bei der Einbindung von Müttern in schulische Präventionsarbeit zu überwinden, ist für Präventionsarbeit unabdinglich. Und sie ist auch möglich. Wege zum Abbau können eine enge Zusammenarbeit mit den Müttern eröffnen.

Besonders hilfreich beim Überwinden der Hürden ist z.B. ein Einbezug der Kompetenzen von Müttern und ihrer Kreativität in anderen schulischen Bereichen. Solche

Kooperation bietet dann oft die Möglichkeit, heikle, schwierige und angstbesetzte Themen wie sexuellen Missbrauch anzusprechen und zu bearbeiten. Vertrauensvolle Kommunikation eröffnet dann auch den Kindern die Möglichkeit, mit ihren Müttern über diese Themen zu sprechen. Wichtig ist hier zu berücksichtigen, dass die Mütter dabei Stärkung und Begleitung brauchen. Ich zitiere Wanzeck-Sielert:

„Sie müssen befähigt werden, mit ihren Kindern über Sexualität zu reden, deren sexuelle Entfaltung zu ermöglichen und gleichzeitig Grenzen des Umgangs miteinander zu achten" (2004, 466).

Hier bieten Gesprächs- und Diskussionsrunden eine gute Gelegenheit, um z.b. andere Meinungen über schwierige Themen zu hören. In solchen Situationen können z.b. fiktive Situationen

„nach dem Muster ‚was wäre, wenn ...' bzw. ‚was tue ich, wenn ...' den Müttern helfen, intensiver in eine Situation einzusteigen. Dabei wird die eigene Haltung zur Sexualität deutlicher, werden eigene Werte und Normen überprüft, sowie Gedanken und Ansichten benannt, die bei den eigenen Kindern bejaht oder verneint werden" (Wanzeck-Sielert 2004, 466/67).

Diese Bewusstmachung ermöglicht die ggf. erforderlichen Veränderungen im Umgang der Mütter mit ihren Kindern. Von Bedeutung ist in diesem Zusammenhang auch, dass sich die Mütter mit möglichen eigenen Grenzüberschreitungen ihren Kindern gegenüber auseinandersetzen. Nur dann, wenn die Kinder erfahren, dass ihre Mütter ihnen gegenüber Grenzen wahren, können sie Vertrauen fassen und werden gestärkt. Und starke Kinder sind weniger gefährdete Kinder.

Schulische Prävention wird sich in der Regel auf primäre Prävention, d.h. die Vermeidung von sexuellem Missbrauch, beschränken.

Hier kann Müttern in pädagogischer Absicht gezeigt werden, wie sie bei ihren Kindern Selbstbewusstsein stärken können. Dazu gehören die Förderung der Kinder bei der Wahrnehmung ihrer Rechte und die Entwicklung ihrer Kompetenzen beim Erkennen „gefährlicher Situationen".

Weiter ist hilfreich, Müttern zu zeigen, wie sie sich mit ihrer eigenen und der partnerschaftlich gelebten Sexualität auseinandersetzen können. Solche kommunikative Auseinandersetzung ermöglicht, auch das tabuisierte Thema der sexuellen Gewalt zu denken und damit ggf. Übergriffe an ihren Kindern und evtl. ausgesandte Signale zu erkennen.

Wichtig ist auch, Mütter zu informieren, welche Strategien Täter und Täterinnen verwenden. Sie versuchen, die Opfer zu isolieren. Dazu gehört z. B. der Versuch,

Mütter stärken und ermutigen

Grund^{lagen}

die Kinder ihren Vertrauenspersonen zu entfremden. Auch Informationen über die Veränderungen und Signale bei ihren Kindern, die mögliche Hinweise auf sexuelle Gewalterfahrung geben, sind von großer Bedeutung.

In sicher selteneren Fällen kann Schule auch zur sekundären Prävention, d.h. zur frühen Unterbindung eines bereits erkannten sexuellen Missbrauchs, beitragen.

Lehrerinnen und Lehrer können z.b. den Müttern Hilfestellung für das Erkennen möglicher Erfahrungen ihrer Kinder mit sexualisierter Gewalt geben.

Das Schulpersonal kann den Müttern in handlungspraktischer Absicht Informationen und Informationsmaterial über Einrichtungen und Organisationen zur Verfügung stellen, die bei aufkeimendem Verdacht, vermuteten oder manifesten Übergriffen angesprochen und um Hilfe und Unterstützung für die Kinder und für sich selbst gebeten werden können. Dies kann im Rahmen von thematisch ausgerichteten Elternabenden geschehen. Wichtigste Aufgaben der sekundären Prävention sind hier also die „Beratung und die Vorbereitung von Maßnahmen der Krisenintervention" (Weber 2004, 205).

Nur dann, wenn die Kinder erfahren, dass ihre Mütter ihnen gegenüber Grenzen wahren, können sie Vertrauen fassen und werden gestärkt.

Die Übermittlung solcher Informationen ist bei vertrauensvoller Zusammenarbeit von Schule und Eltern ein guter Weg, die Hürden zu überwinden, die Mütter zu stärken und zu unterstützen.

Lehrerinnen und Lehrer stärken: Überwindung der Hürden

Auch die Hürden auf Seiten der Lehrerinnen und Lehrer können überwunden oder abgebaut werden. Regelmäßige und verpflichtende Fortbildungen für die mit Präventionsarbeit betrauten Kolleginnen und Kollegen sind erforderlich. Solche Fortbildungen können die präventiv arbeitenden Teilnehmerinnen und Teilnehmer ermutigen und unterstützen.

Diese Unterstützung ist oft erforderlich, um die Bereitschaft der betreffenden Kolleginnen und Kollegen zu fördern, präventiv zu arbeiten. Hier sind Fortbildungen sinnvoll, die die Pädagogen ermutigen, sich mit ihrer eignen Sexualität auseinanderzusetzen. Sie brauchen Anleitungen, um ihre Sexualität reflektieren zu können, ihre Normen und Wertvorstellungen bewusst zu machen, ggf. in Frage zu stellen und zu überprüfen.

Wichtig ist auch, dass die Lehrerinnen und Lehrer Methoden kennen lernen, wie sexuelle Lust, Beziehungen und Beziehungsprobleme thematisiert werden können. Dazu gehören u.a., die Bedeutung von Sexualität für die Entwicklung und Ausformung einer stabilen Erwachsenenidentität zu erkennen und Bereiche wie

Kommunikation über Sexualität für sich selbst und bei der Präventionsarbeit mit den Müttern zu bearbeiten.

Besonders bedeutsam für die Fortbildungsarbeit ist die Information über juristische Aspekte präventiver Arbeit. Hier ist wichtig, dass die Teilnehmerinnen und Teilnehmer z.b. mit Einrichtungen oder kompetenten Personen in Kontakt gebracht werden, die über die rechtlichen Zusammenhänge informieren können, um allgemeine und im Bedarfsfall auch individuelle juristische Information und Beratung zu erhalten.

In Fortbildungen müssen mit Prävention betraute Lehrerinnen und Lehrer ermutigt werden, vom Kollegium Solidarität und Unterstützung einzufordern. Diese Fähigkeit ist wichtig, weil sie ihre präventive Elternarbeit nicht ohne Unterstützung durch Kollegium und Vorgesetzte leisten können.

Eine gezielte Förderung solcher Fortbildung durch die in NRW neu eingerichteten Kompetenzteams in den Schulbezirken ist hier sehr wünschenswert.

Fazit Wird erreicht, dass die Hürden bei Müttern und bei Lehrerinnen und Lehrern überwunden werden, dann kann eine gedeihliche präventive Arbeit mit Müttern zum Schutze und Wohle ihrer Kinder gelingen. Wie groß die Bedeutung von Prävention sexueller Gewalt gegen Kinder ist, wird erkennbar, wenn man sich vergegenwärtigt, welche umfassenden Sinnaspekte unbeschädigte Sexualität für ein selbstbestimmtes und bejahendes Leben beinhaltet.

Zuerst ist der Identitätsaspekt von Sexualität zu nennen. Er verweist darauf, wie wichtig es ist, dass sich Kinder als Mädchen oder Junge als wichtig erfahren, ein Selbstwertgefühl entwickeln können und den eigenen Körper zu (be-) achten und zu lieben lernen. Sexuelle Gewalt beschädigt all diese Facetten des Identitätsaspekts.

Von großer Bedeutung für die gesunde Entwicklung von Kindern ist auch der Beziehungsaspekt von Sexualität. Er verweist auf das Geben und Nehmen von Geborgenheit in Beziehungen, auf Zärtlichkeit, auf Antworten auf die Fragen, ‚wer ist mir wichtig?' und ‚wem bin ich wichtig?'. Ein Kind mit sexueller Gewalterfahrung findet keine Geborgenheit und kann diese Fragen nicht beantworten.

Wichtig ist auch der Lustaspekt von Sexualität (der aber häufig auch einseitig überbewertet wird). Den eigenen Körper lustvoll spüren zu lernen ist eine Voraussetzung für Lebenslust und für die Fähigkeit, anderen Menschen Lust zu bereiten. Sexuelle Gewalt pervertiert die Fähigkeit, Lust am eigenen Körper zu empfinden.

Der häufig einseitig betonte Fruchtbarkeitsaspekt meint nicht nur die Zeugung und Geburt von Kindern, sondern auch, Beziehung als „fruchtbar" im Sinne von Freude, Kraftquelle und Lebensmut verstehen und erfahren zu können (vgl. zu diesen Sinnaspekten Wanzeck-Sielert 2004, 466). Opfer sexueller Gewalt können Beziehungen nicht in diesem Sinne als „fruchtbar" erleben.

All diesen Sinnaspekten von Sexualität wird umfassender Schaden zugefügt, wenn Kinder sexuelle Gewalt erfahren. Ihnen wird damit ein gelingendes und sinnvolles Leben von vorn herein vorenthalten.

Ich meine, dass schulische Präventionsarbeit gegen sexuelle Gewalt in Zusammenarbeit mit den Eltern ein wichtiger Baustein ist, solche Beschädigungen zu verhindern. Ein Bemühen um die Überwindung der Hürden, die schulische Präventionsarbeit beeinträchtigen oder verhindern, ist folglich ein wichtiger Beitrag zum pädagogischen Auftrag der Schule.

Literatur

Deutsches Jugendinstitut (Hg.): Sexueller Missbrauch von Kindern. Opladen 2002

Körner, W. und A. Lenz (Hg.): Sexueller Missbrauch. Göttingen et al. 2004

Kruck, M.: Das Schweigen durchbrechen. Band 1. Berlin 2006

Ulonska, H. und H.H. Koch (Hg.): Sexuelle Gewalt gegen Mädchen und Jungen. Bad Heilbrunn 1997

Wanzeck-Sielert, Ch.: „Emanzipatorische Sexualerziehung als schulische Prävention von sexuellem Missbrauch an Mädchen und Jungen" in: Körner und Lenz 2004, S. 457 – 467

Weber, M.: „Sexueller Missbrauch und die Aufgaben des Jugendamtes" in: Körner und Lenz 2004, S. 191 – 210

Väter stärken und ermutigen

Patrick Schoden

Im vorangegangenen Artikel wurde auf die besondere Rolle der Eltern mit einem Fokus auf die Mütter für eine nachhaltige Präventionsarbeit eingegangen. Dieser Artikel richtet sein Augenmerk auf die Väter und männliche pädagogische Fachkräfte. Es handelt sich hierbei um einen komplexen Sachverhalt. Das Thema Präventionsarbeit mit Vätern weist folgende Facetten auf: Väter als Männer, gesellschaftliche Männerbilder, Vater-Sohn/Tochter-Beziehung, Väter von männlichen Opfern, Väter als mögliche Täter, Väter als mögliche Opfer, Väter als Präventionsarbeiter usw.. Einige Facetten will dieser Artikel aufnehmen und einen Einstieg ermöglichen.

Im Folgenden richte ich den Blick auf Väter als Männer und die sich daraus ergebenden Herausforderungen für Männer, sich mit dem Thema (sexualisierte) Gewalt, Täter- und Opferschaft zu konfrontieren. Darauf aufbauend werden speziell für die Väter und ihre Rolle in der Präventionsarbeit gegen sexualisierte Gewalt diese Herausforderungen reformuliert und Perspektiven aufgezeigt, um mögliche Bildungsstrategien entwickeln zu können.

Eine kurze Bestandsaufnahme

Väter sind Männer. Diese kurze Feststellung klingt nicht besonders originell, aber sie verweist auf ein zu beschreibendes Spannungsfeld. ‚Vater' beschreibt einen Menschen in Beziehung, ‚Mann' seine Geschlechtsrolle (Gender), die ihn strukturell und biographisch prägt.

Zum gängigen gesellschaftlichen Männerbild gehört auch die Zuschreibung, dass Männer aggressiver sind als Frauen und damit eher Täter und seltener Opfer in Gewaltzusammenhängen werden, obwohl mindestens 60 Prozent aller Opfer physischer wie psychischer Gewalttaten männlich sind.[1]

> „Die Erfahrung des Opferwerdens gehört zu jedem 'normalen' Männerleben. Niederlage, Erniedrigung oder Demütigung sind tägliche Unterwerfungserfahrungen unter die Übermacht vor allem anderer Männer."[2]

---

[1] Vgl. Scheskat, Thomas. In: Lenz, Hans-Joachim (Hrsg.) (2000), S.226.
[2] ebd. S.226.

Im Zuge dessen wird Jungen und Männern in der Regel anerzogen, diese Opferrolle zu verdrängen. „(...) Männer werden systematisch dazu konditioniert, Schmerzen zu ertragen(...)."³ „Sie lernen damit, ihre Empfindungen von Verletzungen und das Leiden daran zu verbergen.'⁴

Auf diesem Hintergrund ist es wenig überraschend, dass männliche Opfererfahrungen noch wenig in der öffentlichen Diskussion auftauchen. Betroffene und auch die wenigen für diese Problematik offenen Helfer berichten immer wieder von enormen Widerständen hinsichtlich der Wahrnehmung gegenüber männlichen Opfern⁵.

> Gewalt stellt auch ein gängiges Mittel hegemonialer Männlichkeit dar, um patriarchale Machtstrukturen durchzusetzen und zu erhalten.

Allein die Möglichkeit einzuräumen, dass Männer selbst Opfer von Gewalt werden können und dies auch für sexualisierte Gewalt gilt, stellt nicht nur das Verständnis von Männlichkeit der Betroffenen sondern auch der Helfer in Frage. Sie begegnen hier ihrer eigenen „dunklen Seite".

*„Passivität und Opfersein ist ein radikales Infragestellen von Mannsein. Solange die "neuen" Männer und Männerforscher gegen (männliche) Täter und für weibliche Opfer kämpfen, sind sie aktive Beschützer – der Frauen. Sie bleiben damit aktiv und können damit ihre eigenen Erfahrungen von 'Sich-zur-Verfügung-stellen, Ausgeliefertsein und Opfersein` weiterhin verdrängen. Lieber Märtyrer (oder Held), als Opfer. Zu fragen ist, in welchem Auftrag die 'neuen` Männer eigentlich handeln."*⁶

Hinzu kommt, dass Jungen und Männer, die zu Opfern werden, nicht nur Opfer innerhalb einer individuellen biographischen Situation, sondern wiederum Opfer innerhalb einer gesellschaftlichen Struktur sind. Sexualisierte Gewalt dient hier nicht nur der Triebbefriedigung des Täters, (sexualisierte) Gewalt stellt auch ein gängiges Mittel hegemonialer Männlichkeit dar, um patriarchale Machtstrukturen durchzusetzen und zu erhalten.⁷

---

3   Keen, Sam (1992): S. 74.
4   Lenz, Hans-Joachim (2003): S.216.
5   vgl. Lenz, Hans-Joachim (1996); Bange, Dirk (2000); Peichl, Jochen (2000).
6   Lenz, Hans-Joachim (2001): S.44.
7   vgl. dazu Maneo Fachkonferenz (2000): Männer als Opfer von Gewalt. Ringen um Glaubwürdigkeit: „Männer sind auch sexuellen Angriffen ausgesetzt, denen selten eine spezifisch homosexuelle Orientierung zugrunde liegt. Bereits in den 1970er Jahren waren bei 4-8 % aller aktenkundigen sexuellen Vergewaltigungen Männer die Opfer (Harten, 1995, S. 66f., hierzu auch: Gregory/Lees, 1999, McMullen, 1990). Häufig handelt es sich dabei um eine gewalttätige patriarchale Machtdemonstration, die sich insbesondere um die Frage dreht, wer wen (anal) penetriert. Einem gedemütigten männliche Opfer wird zumeist eine Mitschuld unterstellt: Es hätte sich ja (als ‚richtiger' Mann) wehren können und vielleicht ist er ein (verkappter) Schwuler, der sich nur ziert. (...) Wichtig in diesem Zusammenhang ist, daß erst mit der geschlechtsneutralen Formulierung des § 178 STGB im Jahre 1997

Väter stärken und ermutigen

Väter als Männer sind von diesen Strukturen betroffen und haben doch auch die Chance, durch ihr Vatersein diese zu durchbrechen und ihre Vaterrolle so zu definieren, dass sie sich eben nicht auf die Reproduktion tradierter männlicher Geschlechtsstereotype und entsprechendem Verhalten bei ihren Kindern und vor allem ihren Söhnen beschränkt.

Präventionsarbeit gegen sexualisierte Gewalt birgt in sich den Gedanken, über das mögliche Opfersein nachzudenken, um es zu verhindern. Prävention gegen sexualisierte Gewalt bedeutet, Gewalt in jeglicher Form zu ächten und Alternativen für das eigene Handeln zu entwickeln. Prävention gelingt dort, wo die Beteiligten lernen, auf ihre körperlichen Bedürfnisse und die der anderen zu achten und ihren Gefühlen eine Gestalt geben zu können.

> **Väter als Männer sind von diesen Strukturen betroffen und haben doch auch die Chance, durch ihr Vatersein diese zu durchbrechen**

Das heißt für eine Präventionsarbeit, die Väter integrieren soll, ein Arbeiten mit den Vätern an ihrer eigenen Geschlechtsidentität und dem Aufdecken eingrenzender und krankmachender Strukturen wie auch die Entwicklung hin zu einem individuellen Geschlechter übergreifenden Rollenverständnis von Vaterschaft bzw. Elternschaft. Die gesellschaftlichen Veränderungen z.B. bzgl. der Elternzeit oder äußerlichen Transgenderphänomenen[8] in den gegenwärtigen Jugendkulturen bereitet hier der jüngeren Vätergeneration sicher einen weitaus fruchtbareren Boden als den vorangegangenen. Auch wenn diese Beobachtung und ihre Erfolgsaussichten mit Vorsicht zu genießen sind:

> *„Es muss mithin als eine empirisch offene Frage betrachtet werden, ob die gegenwärtig zu beobachtenden Umbrüche und Herausforderungen die Basis hegemonialer Männlichkeit ernsthaft und nachhaltig zu bedrohen vermögen (...). Und es muss ferner als empirisch offen gelten, ob die betroffenen Männer diese Entwicklung als eine 'erlittene Emanzipation' ('erlittene Emanzipation': Beck, Ulrich/Beck-Gernsheim, Elisabeth (1990): Das ganz normale Chaos der Liebe. Frankfurt. S.199) begreifen oder als eine Option, neue Formen von Männlichkeit zu versuchen und zu leben."*[9]

---

die anale oder orale Penetration eines Mannes juristisch überhaupt als Vergewaltigung gesehen wird. Bis dahin galten Männer als nicht vergewaltigbar, da eine Vergewaltigung über die genital-vaginale Penetration bestimmt wurde. Macht-Missbrauchende sexuelle Gewaltübergriffe durch medizinisches Personal an Männern sind zudem dokumentiert (z.B. die sexuelle Vergewaltigung eines männlichen Patienten durch einen Urologen; Kranich, 1995, S. 38 ff.; hierzu auch: Becker-Fischer, 1997). Inwieweit HIVInfektionen durch sexuelle Vergewaltigungen hervorgerufen werden, ist im deutschen Sprachraum bislang so gut wie nicht thematisiert (hierzu englischsprachige Veröffentlichungen von King, 1992, Osterholm et al., 1987, Hillman et al., 1990)."

8 Transgenderphänomene beschreiben äußerliche Erscheinungsformen von Jugendlichen, die sich jenseits klassischem genderorientierten Auftreten bewusst mit den Kleidungsstilen und Verhaltensformen beider Geschlechter unabhängig vom eigenen biologischen Geschlecht experimentieren und diese mischen.

9 Meuser, Michael. In: Wacker, Marie-Theres/Rieger-Goertz, Stefanie (Hg.) (2006), S.42.

Die Herausforderungen für eine geschlechtersensible Präventionsarbeit und Opferhilfe für Männer bestehen unter anderem darin,

» Männern und männlichen Kindern in einem wohlwollenden Beratungs- oder Bildungssetting Möglichkeiten einzuräumen, um ein Bewusstsein für die eigenen individuellen Vorstellungen von Männlichkeit jenseits der gesellschaftlichen Strukturen und Vorgaben zu entwickeln,

» Männern nicht als defizitären Wesen zu begegnen, sondern gemeinsam mit ihnen ein eigenes Geschlechterbild mit ihren gegenwärtigen Ressourcen aufzubauen, bevor das mitgebrachte generell hinterfragt und destruiert wird,

» dass sich Männer und männliche Kinder und Jugendliche erst nach einem vorangegangenen Bewusstseinsprozess fruchtbar mit ihren (möglichen) Gewalterfahrungen als Täter oder Opfer auseinander setzen können. Dies verschafft ihnen die nötige persönliche Basis, sich dem Thema anzunähern, ohne dass es für sie existenz- und persönlichkeitsbedrohend wird,

» es für Männer überhaupt attraktiv erscheinen zu lassen, sich mit sich selbst und der eigenen Männerbiographie auseinanderzusetzen.

„Die männliche Verbindung nach innen soll hierbei die Basis schaffen, um aus einer gefestigten männlichen Identität heraus den Herausforderungen durch sich auflösende traditionelle Geschlechterrollen mit Offenheit und Kreativität zu begegnen. Das heißt, ein Mannsein zu erfinden, das auf starre, von Dominanz und Gewaltbereitschaft geprägte Verhaltensfestlegungen genauso verzichtet, wie darauf, sich in Illusionen von zahmer Harmlosigkeit zu flüchten."[10]

Hürden für die Präventionsarbeit mit Vätern

Trotz der sich verändernden gesellschaftlichen Geschlechterrollen kann man davon ausgehen, dass in der Regel die Mütter den Hauptanteil an der Erziehung der Kinder tragen. Obwohl sich durch die Einführung der Elternzeit die Möglichkeiten für junge Väter verbessert haben, von Beginn an an der Erziehung ihrer Kinder beteiligt zu sein, kann mit Blick auf die Inanspruchnahme der Elternzeit durch Väter höchstens von einer langsamen Bewusstseinsveränderung bezüglich traditioneller männlicher Rollenvorstellungen gesprochen werden.[11]

Wenn Väter sich in der Prävention auch auf der Beziehungsebene verstärkt engagieren, steigen die Chancen für ihre Kinder (...), keine Opfer von sexualisierter Gewalt zu werden.

---

10 Scheskat, Thomas (1996), S.167
11 Vgl. Döge, Peter (2001): S. 44. und vgl. Kapitel 4.2 Transformation in Zuhlener, Paul M./ Volz, Rainer (2001).

Väter stärken und ermutigen

Dass die Abwesenheit der Väter von ihren Kindern nicht nur bemerkt, sondern auch als negativ empfunden wird, deutet u.a. die Studie von Cornelißen/Gille 2005 an. Ihre Auswertung der Umfrageergebnisse verweist indirekt auf eine vorhandene Bedürftigkeit von Jungen und Mädchen hinsichtlich der Anwesenheit der Väter. Mehr als die Hälfte der befragten Jungen und Mädchen im Alter von 12-15 Jahren bejahen die Frage, „Wenn Kinder da sind, soll der Mann weniger arbeiten und sich mehr Zeit für die Kinder nehmen"[12]. Hier vermuten die Autorinnen zu Recht, dass sich dahinter auch der Wunsch nach einer stärkeren Teilnahme der eigenen Väter am Familienleben bzw. die Erfahrung des abwesenden, arbeitenden Vaters verbirgt. Dies ist eine Antwort auf die Frage von Lenz, „in welchem Auftrag die "neuen" Männer eigentlich handeln".[13]

Wie weitreichend diese Bestandsaufnahme sein kann und welche wichtige Rolle Vätern als Erziehungspartnern für die Prävention gegen sexualisierte Gewalt zukommen muss, erschließt sich eindringlich, wenn man die folgende Bemerkung zur Beziehung zwischen Vätern zu ihren missbrauchten Söhnen näher betrachtet:

„Die meisten sexuell missbrauchten Männer schätzen ihre Vaterbeziehung als wenig vertrauensvoll und erheblich belastet ein. Auch im Vergleich zu nicht missbrauchten Männern berichten sie deutlich häufiger über ein schlechtes Verhältnis zu ihren Vätern. Zudem wird es deutlich schlechter als das zu den Müttern eingeschätzt (...). Die gespannte emotionale Beziehung zum Vater kann eine emotionale Bedürftigkeit und eine Suche nach einem ´Ersatzvater` zur Folge haben. Dadurch sind die Jungen möglicherweise besonders verwundbar gegenüber den Manipulationen eines Täters, der ihnen Aufmerksamkeit und Zuwendung schenkt."[14]

Positiv gewendet heißt das, wenn Väter sich in der Prävention auch auf der Beziehungsebene verstärkt engagieren, steigen die Chancen für ihre Kinder und vor allem für ihre Söhne, keine Opfer von sexualisierter Gewalt zu werden. Aufgrund der gesellschaftlich überkommenen Männlichkeitsvorstellungen und der noch weitestgehend fehlenden Vorbilder[15] für solchermaßen verfasste und engagierte Väter sind hier Hürden zu überwinden, die sich wie folgt kurz umreißen lassen:

» Väter sind Männer. Für Männer ist es oft schwieriger, Beratungsangebote anzunehmen, die über eine rein funktionale Beratungssituation hinausgehen kann.[16]

---
12 Cornelißen, Waltraud/Gillen, Martina (2005): Was ist Mädchen und Jungen für ihre Zukunft wichtig? http://cgi.dji.de/9_dasdji/welcomeseite_dateien/Internet_Lebenswuensche_Frankfurt.pdf
13 Vgl. Lenz, Hans-Joachim (2001): S.44.
14 Bange, Dirk (2007): S.91.
15 Vgl. Cremers, Michael (2006): S. 44.
16 Vgl. hierzu die Prinzipien der Bewältigung des Mannseins . In: Böhnisch, Lothar/Winter, Reinhard (1993): S. 126-130.

Sie sind aufgrund der geschlechtstypischen soziokulturellen Voraussetzungen psychisch schlechter darauf vorbereitet als Frauen. Väter in ein Beratungs-Setting zu integrieren, das auch auf die emotionale Dimension der Präventionsarbeit und der sexuellen Gewalt eingeht, stellt eine Hürde dar, für deren Überwindung noch keine generellen Lösungen gefunden worden sind.

» Väter sind als Männer vom Thema besonders betroffen. Zum einen stellt sexuelle Gewalt eine Gewaltform dar, die überwiegend von männlichen Tätern ausgeübt wird. Zum anderen gehört zur männlichen Überlebensstrategie, die Möglichkeit, selbst Opfer werden zu können, zu verdrängen und Schwäche auszublenden. Die nötige Empathie für dieses Spannungsfeld zu entwickeln kann für viele Väter zur Herausforderung werden.

In diesem Kontext ist es entscheidend, dass männliche Pädagogen sich ihrer möglichen Vorbildrolle bewusst werden, damit sie Vätern und Jungen die notwendige Hilfestellung geben können. Hier besteht nach wie vor großer Nachholbedarf sowohl im pädagogischen wie im therapeutischen Beratungsumfeld.

„Die wenigen Praktiker, die sich den Problemstellungen von Jungen zuwenden, finden zu wenig Zeit (so ihre Aussage), um sich mit den umfangreichen Erkenntnissen der Männer- und Jungenforschung vertraut zu machen. Ähnliches gilt auch für die Frauen aus der Praxis der Mädchenarbeit, sodass der Anspruch, über detailliertes Wissen zur Männlichkeitsforschung verfügen zu wollen, zwar formuliert, aber kaum praktiziert wird."[17]

Dabei muss gerade männlichen Pädagogen Folgendes bewusst sein:

» Männliche Pädagogen sind wie Väter als Männer besonders herausgefordert, sich mit ihrer männlichen Identität und ihrem physischen und psychischen Verhalten gegenüber Schülerinnen und Schülern auseinanderzusetzen. Sie stehen bezüglich des Themas sexualisierte Gewalt wesentlich stärker unter öffentlicher Beobachtung als ihre Kolleginnen.

» Lehrer sind an Grundschulen und Kindergärten meist eine Minderheit. Deshalb liegt eine besondere Verantwortung bei den wenigen Lehrern und Erziehern, mit Vätern und Jungen in der Schule zu arbeiten und ihnen eine positive Folie für geschlechtersensibles Verhalten und männliche Identität anzubieten.

Perspektiven für die Präventionsarbeit mit Vätern

In der Wiederholungsstudie (2003)[18] von Paul Zulehner zeigt sich, dass sich langsam ein Trans-

---

Vgl. Neumann, Wolfgang/Süfke, Björn (2004).
17 Voigt-Kehlenbeck, Corinna (2005) in: Pech, Detlef u. a. (Hrsg.) (2005): S. 120.
Vgl. auch Bange, Dirk (2000) in: Lenz, Hans-Joachim (Hrsg.) (2000): S. 285.
18 Zulehner, Paul M. (Hrsg.) (2003).

formationsprozess bezüglich der Männer und ihrer Rollenbilder in Gang setzt. Das Aufbrechen von Rollenbildern kann die nötige Offenheit entstehen lassen, um Vätern ein Beratungssetting zu bieten, das sie für die Präventionsarbeit interessiert. Aus dem Bereich des Gendertrainings ist zu beobachten, dass es oft sinnvoll sein kann, mit reinen Männergruppen zu arbeiten.

> „Dies nicht etwa deshalb, weil Männer erhöhten Nachholbedarf in Sachen Genderkompetenz hätten, sondern weil viele Männer bislang eher passiv auf Genderthemen reagiert haben und Genderfragen nicht mit eigenen Anliegen in Verbindung bringen konnten. Geschlechterfragen assoziieren viele Männer mit Anfragen und der Notwendigkeit zur Verteidigung. Aus dieser Position heraus können sie nicht als etwas Aktives und für Männer selbst Nützliches begriffen werden, sondern werden mit drohenden Verlusten verbunden (Macht, Einfluss, Aufstiegschancen). So müssen vielfach erst Zugänge geschaffen werden, damit Männer im Genderbereich ihr Eigenes finden können."[19]

Ein weiterer Weg kann dabei sein, dass die Beratungs- und Hilfsangebote an die Orte kommen, an denen Väter/Männer sich aufhalten.[20] Erleichtert wird dieses Vorgehen an Schulen und Kindergärten,

» wenn Vätern ein Forum angeboten wird, wo sie jenseits des Themas unter sich sein können und ihnen innerhalb eines größeren Themenkomplexes unaufdringlich das Thema Gender und Prävention angeboten wird;
» indem schulisch engagierte Väter verstärkt mit in die aktive schulische Präventionsarbeit einbezogen und Möglichkeiten geschaffen werden, wo die so gewonnenen Erfahrungen mit anderen Vätern ausgetauscht werden können;
» durch die Betonung der Verantwortung der Väter für ihre Kinder und ihre gesunde Entwicklung;
» durch eine von männlichen Pädagogen begleitete Beratung.

Für die pädagogischen Fachkräfte heißt dies im Vorfeld, für sich nachhaltige Möglichkeiten der Fortbildung zu den folgenden Themen- und Praxisfeldern zu schaffen und zu erhalten:

» Reflexion der eigenen Werte und Normen und Auseinandersetzung mit der eigenen Sexualität;
» Methoden zur Bearbeitung der Komplexität von Sexualität und Methoden der Arbeit mit Müttern und Vätern;

---

19 Winter, Reinhard (2004): .S.292-293.
20 Vgl. auch Bentheim, Alexander/Kruse, Thorsten (2000) in: Lenz, Hans-Joachim (Hrsg.) (2000): S. 270.

» Rechtliche Rahmenbedingungen der Präventionsarbeit;
» Gendertraining und Jungenarbeit, um adäquate Vorgehensweisen für die Präventionsarbeit mit Eltern und Kindern entwickeln zu können und die Bewusstheit für die eigene Geschlechterrolle zu erhöhen;
» Diskussion und Verankerung der besonderen Verantwortung und Notwendigkeit männlicher Pädagogen und deren verstärkte Heranziehung als Multiplikatoren für eine gelungene und nachhaltige Präventionsarbeit;
» Besonders wichtig ist auch, dass sich die mit Prävention in Zusammenarbeit mit den Eltern betrauten Pädagoginnen und Pädagogen der uneingeschränkten Solidarität ihres Kollegiums sicher sein können.

Fazit

Die Situation im Bereich der Präventionsarbeit und Beratungsangebote gegen sexualisierte Gewalt mit speziellem Fokus auf Väter- und Männerarbeit ist nach wie vor in der Entwicklung begriffen. Eigene Angebote für Väter oder betroffene Männer tauchen vereinzelt auf, aber scheinen noch nicht zum „normalen Repertoire" von Beratungsstellen und Bildungseinrichtungen zu gehören.

„Insbesondere für Männer, die sexuellen Missbrauch, Vergewaltigung und häusliche Gewalt erlitten haben, halten wir es für dringend erforderlich, männerspezifische Hilfsangebote zu installieren. In diesem Bereich ist ein besonderer Bedarf zu vermuten, da zwar Hilfsangebote für schwule Männer vorhanden sind, die aber nicht jeden ansprechen, und für heterosexuelle Männer nicht explizit vorhanden sind. Für Jungen müssten im Bereich der Jugendhilfe spezifische Angebote für Jungen weiterentwickelt werden. Um Jungen vor sexuellem Missbrauch zu schützen und bei widerfahrenem Missbrauch zu unterstützen, wäre ein Angebot ergänzend zu bestehenden Angeboten für Mädchen nötig, bzw. eine Erweiterung bestehender Angebote, die allerdings auf jungenspezifische Bedürfnisse zugeschnitten werden müsste. Diese Maßnahmen dürfen nicht auf Kosten der Angebote für Mädchen installiert werden."[21]

Schulische Präventionsarbeit kann hier eine wesentliche Lücke füllen und bei Gelingen eine erhebliche Entlastungen der Lehrerinnen und Lehrer mit sich bringen, denn eine Arbeit, die auf „mehrere Schultern" verteilt ist, wird für die Einzelne/ den Einzelnen leichter. Die verstärkte Einbindung der Väter bedeutet hier nicht nur, innerhalb des Themas ‚Prävention gegen sexualisierte Gewalt' wirksam zu arbeiten. Aufgrund der gesellschaftlichen Strukturen, in denen diese Gewaltform verhaftet ist und die männliche Identifikationsmuster prägen, kann ein verändertes Bewusstsein

---

21 *Puchert, Ralf et al. (2005).*

und das damit einhergehende Verhalten aller Beteiligten die Fortsetzung einer gesellschaftlichen Veränderung unterstützen, in der nicht das Geschlecht, sondern der Mensch an erster Stelle steht.

Literatur

Bange, Dirk (2000). Pädosexualität ist sexueller Mißbrauch. In: Lenz, Hans-Joachim (Hrsg.) (2000): S. 81-91.

Bange, Dirk (2000): Sexueller Missbrauch an Jungen: Wahrnehmungstabus bei Männern in der sozialen Arbeit und in der Sozialverwaltung. In: Lenz, Hans-Joachim (Hrsg.) (2000): S. 285.

Bange, Dirk (2007): Sexueller Missbrauch an Jungen. Die Mauer des Schweigens. Berlin et.al..

Bentheim, Alexander/Kruse, Thorsten (2000): Fort- und Weiterbildung zur sexualisierten Gewalt an und durch Jungen. Konzept und erste Erfahrungen eines Modellprojektes bei WIDERSPRUCH in Kiel. In: Lenz, Hans-Joachim (Hrsg.) (2000): S. 270.

Böhnisch, Lothar/Winter, Reinhard (31997): Männliche Sozialisation. Bewältigungsprobleme männlicher Geschlechtsidentität im Lebenslauf. Weinheim/München.

Cornelißen, Waltraud/Gillen, Martina (2005): Was ist Mädchen und Jungen für ihre Zukunft wichtig? http://cgi.dji.de/9_dasdji/welcomeseite_dateien/Internet_Lebenswuensche_Frankfurt.pdf

Cremers, Michael (2006): Neue Wege für Jungs?! Ein geschlechtsbezogener Blick auf die Situation von Jungen im Übergang Schule-Beruf. Bielefeld.

Döge, Peter (2001): Geschlechterdemokratie als Männlichkeitskritik. Bielefeld.

Keen, Sam (1992). Feuer im Bauch. Über das Mann-Sein, Hamburg.

Kimpling, Dieter (2000): Der missbrauchte Mann im Kontext von Psychatrie und Beratung. In: Lenz, Hans-Joachim (Hrsg.) (2000): S. 305.

Lenz, Hans-Joachim (1996): Spirale der Gewalt. Jungen und Männer als Opfer von Gewalt. Berlin.

Lenz, Hans-Joachim (Hrsg.) (2000): Männliche Opfererfahrungen. Problemlagen und Hilfsansätze in der Männerberatung. Weinheim/ München

Lenz, Hans-Joachim (2003): Gewalt gegen Männer- eine grundlegende Herausforderung für Männerforschung. In: Zulehner, Paul M. (Hrsg.) (2003): Mannsbilder. Ein Jahrzehnt Männerentwicklung. Ostfildern.

Meuser, Michael (2006): Modernisierte Männlichkeit? Kontinuitäten, Herausforderungen und Wandel männlicher Lebenslagen. In: Wacker, Marie-Theres/Rieger-Goertz, Stefanie (Hg.) (2006): Mannsbilder. Kritische Männerforschung und theologische Frauenforschung im Gespräch. Berlin, S. 42

Neumann, Wolfgang/Süfke, Björn (2004): Den Mann zur Sprache bringen. Psychotherapie mit Männern. Tübingen.

Peichl, Jochen (2000): Männliche Opfererfahrungen: Rollenklischees und Wahrnehmungsblockaden aus der Sicht eines Psychoanalytikers. In: Lenz, Hans-Joachim (Hrsg.) (2000): S. 307-314.

Ralf Puchert et al. (2005): Schlussfolgerungen, Empfehlungen und Diskussion. In: BMFSFJ –Forschungsberichte-Studie: Gewalt gegen Männer. Personale Gewaltwiderfahrnisse von Männern in Deutschland (2005). S.411

Maneo Fachkonferenz (2000): Männer als Opfer von Gewalt. Ringen um Glaubwürdigkeit. http://www.maneo.de/pdf/Maneo-Fachdokumentation.pdf.

Scheskat, Thomas (2000). Opfererfahrungen und Transformation in der Beratung und Therapie mit Männern. In: Lenz, Hans-Joachim (Hrsg.) (2000): S. 225-235.

Voigt-Kehlenbeck, Corinna (2005): Seitenblick. Oder: Was gehen Frauen die Jungen an? In: Pech, Detlef u. a. (Hrsg.) (2005): Jungenarbeit. Dialog zwischen Praxis und Wissenschaft. Oldenburg.

Winter, Reinhard (2004): Muss Gender trainiert werden?. In: SuB (Sozialwissenschaft und Berufspraxis) 27/3.S.292-293.

Zuhlener, Paul M./Volz, Rainer (2001): Männer im Aufbruch. Wie Deutschlands Männer sich selbst und wie Frauen sie sehen. Stuttgart.

Zulehner, Paul M. (Hrsg.) (2003): Männer im Modernisierungsstress..Ergebnisse der Studie Männer 2002. Ostfilden.

Inzest

Herbert Ulonska

Das Thema der Gewalt in Familien ist immer noch ein großes Tabu, auch das der sexuellen Gewalt. Es wundert darum nicht, dass die Auseinandersetzung mit dem Inzest in unserer westlichen Gesellschaft eine recht kurze Geschichte hat. Erst vor etwa 25 Jahre wurde das Thema *Sexuelle Gewalt gegen Kinder in der Familie* in der Literatur aufgegriffen. (Vgl. psychologie heute, Jahrgang 11/1984, Heft 1, S. 50-51.) In Autobiografien oder in Romanen wagten es Überlebende in den letzten 20 Jahren, ihre Leidensgeschichten öffentlich zu beschreiben.

Durch den Mut der Opfer verlor der Inzest die patriarchale Bewertung als Kavaliersdelikt. Auch die wissenschaftliche Diskussion nahm sich des Themas an und trug durch Veröffentlichungen damit zur weiteren gesellschaftliche Endtabuisierung bei. Erst in den 90-ziger Jahren setzte dann eine so vermehrte öffentliche Diskussion ein, dass bald auch Gegenreaktionen ausgelöst wurden wie der Vorwurf eines „Missbrauchs des Missbrauchs". Zu schnell lautete die Anklage: „Die Väter sind die Täter."

Doch die kritische Auseinandersetzung mit dem Problem des Inzests geht weiter, auch wenn immer wieder versucht wird, die Diskussion zu unterdrücken. Eine neue Tabuisierung misslingt, weil zu viele Initiativen, Institutionen, universitäre Einrichtungen, die Polizei, sogar Bundes- und Landesministerien sich des Themas angenommen haben. Auch übers Internet wird die Öffentlichkeit informiert.

> Das Substantiv incestus umschließt einmal die Bedeutung von Unzucht zum anderen erweitert von Blutschande.

Definition Das Wort Inzest stammt aus dem Lateinischen. Es verweist auf die Rein-Unrein-Bewertung, vor allem im sittlichen Bereich. *Castus* heißt *keusch, züchtig, unschuldig*, was die moralisch-sittliche aber auch sexuelle Ebene betrifft. Das Gegenwort *incestus* (Adj.) heißt *unrein, befleckt, unsittlich, sündhaft*.

Das Substantiv incestus umschließt einmal die Bedeutung von Unzucht zum anderen erweitert von Blutschande. Durch diese Erweiterung ist incestus auf die abweichende Sexualität in der Familie bezogen, genauer auf die Blutsverwandten. Aus dieser Verbindung von Unzucht und Blutschande entstand dann das Inzesttabu.

Sexualverkehr als Unzucht unter Blutsverwandten wurde als Blutschande unter Strafe gestellt.

Die heutigen veränderten Familienstrukturen müssen auch bei der Definition von Inzest berücksichtigt werden und führen zu einer Erweiterung des betroffenen Personenkreises, weil nicht mehr nur Blutsverwandte unter einem Dach leben.

Der Begriff *Unzucht* legt nahe, dass sich jemand nicht „in Zucht nehmen" kann. Der Unzüchtige lebt seine Sexualität unbeherrscht aus oder verliert die Kontrolle über sich. Unbeherrscht und ohne Selbstkontrolle handelt dann der Unzüchtige.

Das Wort *Blutschande* spielt einmal auf die Blutsbande unter direkt Verwandten an, zum anderen auf die Schande der Tat, die durch Schändung geschieht. Das Opfer der Schande bleibt geschändet und befleckt zurück.

Die *Unzucht mit Abhängigen* wird als eine Erweiterung des Inzesttabus verstanden und ebenso unter Strafe gestellt. Abhängigkeit beinhaltet immer auch ein Machtgefälle, was in der weiteren Diskussion des Themas zum Inzest bedacht werden muß.

Die Diskussionen der letzten Zeit um den Inzest in der Familie beziehen sich vor allem auf dieses Machtgefälle zwischen Opfer und Täter/Täterin. Sie beschreiben diesen *Machtmissbrauch*, durch den die Tat erst ermöglicht und erleichtert wird.

Das Opfer erlebt durch diesen Machtmissbrauch die größte Vertrauenskrise, die Überlebende, wie sie sich selbst verstehen, oft ein Leben lang begleitet. Insofern ist die Bezeichnung *„Seelenmord"* (Wirtz, S.21) für den Inzest angemessen und aussagekräftig. Seelenmord meint beides:

1] die aus dem Machtmissbrauch erwachsene Vergewaltigung als sexuelle Gewalt und

2] die Zerstörung der Vertrauensbeziehung durch die Primärpersonen in der Familie. Dieser Verrat am Kind durch vertraute Personen, auf die das Kind für seine emotionale Entwicklung besonders angewiesen ist, macht den Inzest für viele Überlebende zu einem nicht vergebbaren Verbrechen.

Familienstrukturen und Täterprofile

Es lassen sich zwei zu unterscheidende Tätergruppen beschreiben: einmal sind es alle im engen Raum der Familie zusammen Lebenden. Durch das gemeinsame Wohnen unter einem Dach haben Täter/Täterinnen einen leicht organisierbaren Zugang zu ihren Opfern, wie z.B. als leiblicher Vater / leibliche Mutter, Geschwister / Stiefgeschwister, Stiefvater / Stiefmutter.

Zum weiteren Bereich gehören die Personen, die durch verwandtschaftliche Beziehungen zwar einen leichteren Zugang zur Familie haben, aber nicht mit dem Opfer in häuslicher Gemeinschaft leben, wie z.B. Großvater / Großmutter, Onkel / Tante, Cousin / Cousine, Partner der Mutter / Partnerin des Vaters.

Inzest

Der Inzest kann auf Grund veränderter Familienstrukturen nicht mehr nur als Bluts-Missbrauch zum Zwecke der „Blutsreinheit" der Familie verstanden werden. Neuere soziologische Untersuchungen zeigen, dass die Macht- und Herrschaftsstrukturen in der Inzestfamilie unabhängig von der Blutsverwandtschaft häufig einem traditionell patriarchalen Charakter entsprechen: „Herr im Hause" ist der Mann, doch die Frau führt „Regie". Die Kinder haben sich dem „pater familiae" auch in ihren Bedürfnissen unterzuordnen, solange sie „die Füße unter seinen Tisch stellen", d.h. vom allein verdienenden Familienoberhaupt abhängig sind. Diese über Jahrhunderte klassische Familienstruktur hat auch die Tabuisierung des Inzestes in einer patriarchalen Gesellschaft möglich gemacht.

Solange die Frau dem Mann diese „Hausmacht" zugesteht, kann der „Patriarch" auch über die Familienmitglieder herrschen und Gehorsam von Frau und Kindern verlangen. Dadurch sind vor allem kleine Kinder gefährdet, die zu strengem Gehorsam erzogen werden.

Das Opfer erlebt durch diesen Machtmissbrauch die größte Vertrauenskrise, die Überlebende, wie sie sich selbst verstehen, oft ein Leben lang begleitet.

Wie wir jetzt aus Autobiographien wissen, gilt diese Gefährdung ebenso für solche fundamentalistischen Gruppen, in denen strengster Gehorsam gegenüber dem Vater verlangt wird (z.B. Zeugen Jehovas)

Ungehorsam wird dann auch durch sexualisierter Gewalt bestraft: (z.B. schlagen auf den nackten Po / das Kind wird nackt übers Knie gelegt und spürt den erregierten Penis des Strafenden / Mutter hält dem strafenden Vater das nackte Kind hin und spürt eigene Erregung).

Es kommt zur Krise, wenn die Frau dem Mann diese zugestandene Autorität in der Familie verweigert z.B. durch eine emotionale oder finanzielle Emanzipation.

Wenn dann der „Herr im Hause" „umkippt" und sich der Regie der Frau unterwirft, beginnt die Glaubwürdigkeit seiner Autorität auch vor den Kindern zu zerbrechen. Gewalttätigkeiten nach innen, vor allem gegenüber den Schwächeren, sollen die gefährdete Autorität stabilisieren. Solche Männer werden zu „Haustyrannen", die durch ein sehr hohes Maß an Willkür ihren Willen durchzusetzen versuchen. Diese Unberechenbarkeit, oft unterstützt durch Alkohol als Ermutigung zur Gewaltausübung, lässt die Angst in Inzestfamilien zum täglichen Erleben werden.

Neben dieser aggressiven Form wird auch die defensive Verhaltensweise beschrieben, dass der „entmachtete Patriarch" sich zum weiteren Kind in der Familie zurückentwickelt, zu „meinem größten Kind" wird, wie Frauen gerne solche Männer mitleidig nennen. Um aber die gefährdete eigene Autorität in der Familie zu behaupten, vergreifen sie sich an Schwächeren auch durch sexualisierte Gewalt. Ihren „Mit-Kindern" gegenüber erklären sie das oft eigene kindlich-sexuelle Verhalten als

„normal". Sie tarnen es als Aufklärungsspiel, wie viele Opfer es später beschreiben. Zugleich zwingen sie aber die Opfer zum Schweigen gegenüber der Mutter.

Aus der Literatur ist ebenso bekannt, dass auch Mütter mit ihrem Sohn oder Tochter ein solches Aufklärungsspiel bis zur Penetration betreiben.

Diese beiden Verhaltensweisen des „Haustyrann" und des „Größten Kindes" lassen sich dem Typ des regressiven Pädophilen zuordnen. Er entwickelt sich aber nicht erst in der Familie selbst, ein solches Verhalten wird oft schon aus der Primärfamilie mitgebracht. Unter Wiederholungszwang suchen solche Männer erneut dominierende Frauen, um sich in gelernten Mustern wohl zu fühlen. Die Beobachtung, dass Missbrauchte wieder missbrauchen, findet hier leider immer wieder ihre Bestätigung.

Die Beobachtung (bei regressive Pädpohilen), dass Missbrauchte wieder missbrauchen, findet hier leider immer wieder ihre Bestätigung.

Fixierte Pädophile oder auch sogn. Kernpädophile finden sich seltener unter den Familienvätern, es sei denn dass sie in eine solche Familie "eingeheiratet" haben, in der die Mutter ihre Kleinkinder allein erzieht und einen „Kinderfreund" heiratet, der ihre Kinder von Anfang an akzeptiert.

Zu der Gruppe der regressiv-pädophilen Inzesttäter gehören des Weiteren die isoliert Lebenden und Beziehungsscheuen. Sie isolieren nicht nur sich selbst sondern auch ihre Familienangehörigen, vor allem das sexuell missbrauchte Kind. Die Außenkontakte werden eifersüchtig überwacht.

Auf eine weitere Gefahr für Kinder in Inzestfamilien sei hingewiesen. Sie bezieht sich auf Männer und Frauen. Es ist das Delegationsprinzip: Mütterliche (eheliche) Pflichten werden auf eine „Lieblingstochter" (des Vaters) übertragen und väterliche auf den geliebten „Sohnemann" (der Mutter). Die Lieblingstochter gerät dann durch die Projektion des Vaters in Konkurrenz zur Mutter und der kleine Held soll den Vater ersetzen. Geschieht dieses auch im emotionalen Bereich, kann es leicht zu sexuellen Übergriffen kommen.

Ist die Mutter z.B. oft krank oder durch Haus und Kinder überfordert oder wegen Arbeitslosigkeit des Mannes aus finanziellen Gründen durch eigene Berufstätigkeit lange von der Familie abwesend, fühlt sich der regressive Täter der mütterlichen Fürsorge beraubt. Er fordert sein Recht auf Bemutterung bei der Lieblingstochter ein. Auch sexuelle „Pflichten" werden dann vom Inzesttäter verlangt und durch „liebevolle" Zuwendung an das Opfer „belohnt", was einem kleinen Kind durchaus schmeichelt.

Täterinnen können gegenüber dem „kleinen Liebling-Sohnemann" ihr Begehren leichter verbergen, wenn z.B. der Junge im Bett der Mutter schlafen darf und dadurch der Vater vertrieben und ausquartiert wird.

Solche „Stellvertretungs-Projektionen" sollen Täter/Täterinnen in ihrer alleinigen Verantwortung für die sexualisierte Gewalt entlasten, weil sie sich selbst als Opfer der asexuellen Verhältnisse in ihrer Partnerschaft sehen. Dieser immer wieder genannte Grund einer verweigerten Sexualität für den Inzest dient der Entlastung des Gewissens des Täters. Insofern gehören solche „Verantwortung-Abwehr-Verhaltensweisen" (Deegener) zu den Täterstrategien.
Dieses Umkehrmotiv soll die Übergriffigkeit des Täters rechtfertigen. Verwechselt werden möglicherweise Ursache und Wirkung: ein regressiv-pädophiler Inzest-Täter frustriert eher seine Frau, weil er an ihr wenig Interesse zeigt oder möglicherweise einer fordernden Frau gegenüber unter Versagensängsten leidet. Umgekehrt ist kaum vorstellbar, dass ein vergewaltigtes Tochter-Kind dem Vater-Täter das an sexueller Lust „bieten" kann, was er angeblich bei seiner Ehefrau zu vermissen vorgibt.

Zerstörte Vertrauensfähigkeit

Ohne Vertrauen in ihre häusliche Geborgenheit haben es Kinder sehr schwer, sich selbst und den Menschen ihrer Familie ohne Misstrauen zu begegnen. Wenn Ursula Wirtz-Weinrich für den Inzest das Wort *Seelenmord* benutzt, ist ihr zuzustimmen. Sie bezieht das Wort auf die gestörte bis verhinderte Identitätsentwicklung sexuell Missbrauchter. Zu einer gesunden Identitätsentwicklung über das Urvertrauen hinaus gehört auch das Vertrauen zu den primären Bezugspersonen in der Familie.

Wenn Väter genauso Mütter ihren Kindern sexualisierte Gewalt antun, nehmen sie ihnen die entscheidende Möglichkeit, vertrauensvolle Beziehungen zu ihren Mitmenschen auch außerhalb der Familie zu entwickeln.

Zur Angst vor willkürlichen Übergriffen tritt das Misstrauen als einem entscheidenden Lebensgefühl mit folgenden Konsequenzen hinzu:

Der Verlust der Intimsphäre des Kindes Da der Inzesttäter beansprucht, zu jeder Zeit und beliebigen Gelegenheit in die kleine Welt des Kindes einzudringen, sich des Kindes zu „bedienen", wenn es ihnen günstig und gelegen erscheint,

> Da der Inzesttäter beansprucht, zu jeder Zeit und beliebigen Gelegenheit in die kleine Welt des Kindes einzudringen, (...), lebt das Kind in einer Atmosphäre dauernder Angst vor Übergriffen.

lebt das Kind in einer Atmosphäre dauernder Angst vor Übergriffen. Es hat keinen sicheren Zufluchtsort, keinen Ort der Geborgenheit, keinen Schutz vor Willkür, nicht einmal das eigene Bett oder ein eigenes Zimmer verschaffen Sicherheit. Auch wenn das Kind versucht, den Täter dadurch abzuwehren, dass es den Hund mit ins Zimmer nimmt, lieber mit den Geschwistern zusammen schläft, die Tür mit Spielsachen verbarrikadiert, erweist sich der Täter als stärker. Das sich daraus entwickelnde Gefühl der Ohnmacht und Ausweglosigkeit führt schon früh zu Verzweiflungsphantasien wie Selbstmord als einzigen Weg der Befreiung aus der Zwangslage.

Die Entwicklung von Fluchtreflexen Da Täter die Gefühle der Opfer in ihrem Sinne zu manipulieren versuchen, um das eigene Gewissen zu beruhigen, „finden" Kinder Überlebensstrategien, die dann später Schuld- und Schamgefühle entstehen lassen, selbst mitschuldig zu sein.

Überlebensstrategien sind:
» sich nicht waschen, um für den Täter unattraktiv zu sein;
» Bestechungsgeschenke annehmen, um die Gewalt des Täters abzumildern;
» Sich-schlafend-Stellen und Totstelleffekte einüben, um sich aus der Situation emotional zu entfernen;
» Gefühl und Realität voneinander trennen, was zu Dissoziationen führt;
» Gefühle vortäuschen, um den Täter ruhig zu stellen, damit er die Gefühlsverweigerung nicht erkennt und keine weitere Gewaltanwendung erfolgt.

Die Zerstörung des Selbstwertgefühls Das missbrauchte Vertrauen zerstört auch die Selbstachtung. Weil Opfer das Gefühl nicht verlieren, „benutzt" worden zu sein, gehen sie misstrauisch in jede neue Beziehung in der Erwartung, wieder ausgebeutet zu werden. Da sich Missbrauchte kein stabiles Selbstwertgefühl aufbauen konnten, laufen sie immer wieder Gefahr, zum Opfer einer Ausbeutung zu werden. Dieser erlernte Mangel an Selbstvertrauen und Selbstachtung lässt sie
» unterwürfig sein;
» unfähig ihre wahren Gefühle auszudrücken und damit oft gefühllos erscheinen;
» Ärger, Wut und Hass unterdrücken und autoaggressiv abreagieren.

Die Ohnmacht der Opfer durch Machtausübung der Täter

Wie ist es möglich, dass Überlebende von Inzesterfahrungen auch über den Tod des Vater-Täters hinaus immer noch glauben, von ihm abhängig zu sein? Die Macht über das Kind korreliert sehr hoch mit dem Schweigen des Kindes. Weil sich das Kind unendlich schämt, dass der (oft) geliebte Vater es missbraucht hat, wagt es nicht, diese „Schande" aufzudecken. Das Kind schweigt sicher auch auf Grund der Drohungen des Täters, aber ebenso auch aus Angst vor der Schande, aus einem Rest von Scham, aus Selbstschutz und Selbstachtung heraus. „Ein Kind, das in der Familie missbraucht wird, lebt in einer besonders verwirrenden Gefühlswelt...Ein Zwiespalt, den diese Kinder nicht auflösen können: Der tagsüber liebende Vater oder Stiefvater, der so viel Gutes für einen tut, wird nachts zu einem Mann, der einem Dinge aufzwingt, die man nicht will oder die einen körperlich verletzen und im Innersten verstören." (Karremann)

Aus dieser Zerrissenheit heraus entwickeln Kinder eine Angst vor Stigmatisierung, eine Hure, Schlampe, Verdorbene, ja sogar „selbst schuld" an den Übergriffen zu sein, weil sie sich nicht gewehrt haben. Sie schweigen nicht nur durch das Schweigegebot der Täter. Was der Täter selbst angedroht hat, dass dem Opfer niemand glauben werde und es selbst die Verantwortung für den Missbrauch trage, entwickelt sich zu einer Art „self fulfilling prophecy": das Opfer fühlt sich schuldig an seiner eigenen Schändung.

Täter setzen die emotional-manipulative Macht der Sexualität ein, um dadurch die Kontrolle über ihre Opfer bis ins Erwachsenenalter zu behalten. Sie zerstören das erwachende und wachsende erotische Empfinden des Kindes, indem sie das missbrauchte Kind zu erwachsenen Geschlechtspartnern manipulieren. Sie verhindern jede normale sexuelle Entwicklung und tragen zur Zerrissenheit zwischen kindlicher Neugier und kindlichem Empfinden durch die aufgezwungene Erwachsenensexualität bei. Das führt zu vielen sexuellen Katastrophen im Erwachsenenalter.

Weil sich das Kind unendlich schämt, dass der (oft) geliebte Vater es missbraucht hat, wagt es nicht, diese „Schande" aufzudecken.

Wege aus Schuld und Scham

Welche Überlebensstrategien haben rettenden und bewahrenden Charakter?

Welche Wege führen aus den Erniedrigungen und Demütigungen, die Inzestopfer erleben und erleiden mussten?

Überlebende sexualisierter Gewalterfahrung suchen die Erlösung aus dem Selbsthass. Das befreit von Formen der Selbstbestrafung. Die schmerzhaften Gewalterfahrungen könnten dann in ein neues Selbstkonzept als wertvoller Mensch integriert werden. Das gilt für Mädchen und Jungen in gleicher Weise, unabhängig ob sie vom Täter oder der Täterin missbraucht wurden.

Ein entscheidender Schritt wird das Zulassen von Wut und Hass, von Vernichtungsphantasien gegen den Vater-Täter oder die Mutter-Täterin sein. Da Opfer oft ihre Väter und Mütter lieben, lassen sie diese Gefühle nicht oder nur schwerlich zu, weil sie glauben, selbst an den Übergriffen schuldig zu sein. Schuldvorwürfe wiederum können zu Autoaggressionen als Selbstbestrafungen führen.

Herbert Ulonska

Die Schuldübertragung: „Der Täter ist allein verantwortlich und deshalb schuldig", kann befreiende Wirkung haben, bedarf aber der therapeutischen Unterstützung, um die selbstheilenden Kräfte im Opfer freisetzen zu können.

Auch das verletzte Schamgefühl des Kindes bedarf der Heilung. Ein erster Schritt kann die Rückkehr in den eigenen Körper sein, durch die therapeutische Unterstützung der Aufhebung von Dissoziationen. Diese dissoziativen Selbstrettungen während des Missbrauchs sind immer wieder therapeutisch zu bearbeiten, wenn die Rückkehr in die Normalität sexuellen Erlebens gelingen soll.

Die Wiedergewinnung der Akzeptanz eigener Wertigkeit kann der letzte Schritt sein auf dem Weg aus Demütigung und Erniedrigung hinaus in ein neues Selbstwertgefühl.

Präventionsarbeit

Am Anfang jeder Präventionsarbeit steht die Bereitschaft, den Inzest als Familienrealität wahrnehmen zu wollen. Daraus erwachsen die weiteren Schritte der Enttabuisierung: Es beginnt mit dem Verstehen der Signale, die das missbrauchte Kind aussendet. Sie sind unbedingt ernst zu nehmen, auch wenn sie unglaubwürdig klingen können. Kinder verstummen, wenn ihnen nicht zugehört und geglaubt wird. Behutsames Nachfragen, um Fakten zu benennen, ermutigt das missbrauchte Kind, gegen das strikte Schweigegebot der Missbrauchenden dennoch zu reden.

Im nächsten Schritt ist dem Missbrauch eine gemeinsame Sprache zu geben, die von allen in der Familie verstanden wird. Das gilt auch für vorhandene Geschwister in der Familie. Durch eine gemeinsame Sprache können sie ermutigt werden, ebenso von einem möglichen Missbrauch bei sich oder anderen noch schweigenden Geschwistern zu berichten.

Um das Schweigen zu durchbrechen, ist von Anfang an auf die alleinige Verantwortung des Täters/der Täterin zu verweisen.

Das entlastet ältere Geschwister von der Angst mitverantwortlich zu sein, weil sie die jüngeren Geschwister nicht geschützt haben. Aber auch weitere Geschwister können dann einen Missbrauch zugeben, wenn sie von der Last befreit sind, die die Missbrauchenden auferlegen, an der Tat mitschuldig zu sein.

Der familientherapeutische Ansatz bedenkt auch die weiteren Interaktionsebenen für die vorbeugende primäre Präventionsarbeit:

Wie gestaltet sich die Mutter-Tochter-Beziehung? Ist sie von Kooperation oder Rivalität bestimmt? Bestimmt ein Vertrauensverhältnis die Beziehung? Für die Präventionsarbeit ist die Elternarbeit dringend erforderlich, um Mütter so zu stärken, dass Täter keinen Keil zwischen Mutter und Tochter treiben können.

Zur Elternarbeit gehört auch die Thematisierung der Partnerbeziehung. In Inzestfamilien ist die gegenseitige Abhängigkeit in den Rollen des Vaters und der Mutter zu verstehen und aufzudecken. Dadurch kann vor der sexuellen Regression des Täters gewarnt werden, wenn dieser die Mutter durch die Tochter „ersetzt".

Um Täter/Täterinnenstrategien zu verstehen, ist die Beziehungsebene Missbrauchende – Kind aufzudecken. Das könnte beim Kind von einem gewissen Alter an zur Entmachtung der Täter führen, ihre Gehorsamsforderung relativieren, den Geheimhaltungsdruck vermindern und zur Aufdeckung ermutigen.

Inzestkinder Ein immer noch gehütetes großes Geheimnis in Inzestfamilien sind die Inzestkinder. Eine vom leiblichen Vater geschwängerte Tochter hat kaum eine Möglichkeit, ihr Kind anzunehmen, weil es sie täglich und stündlich an das häusliche Verbrechen an ihr erinnert. So werden viele Inzestkinder sofort nach der Geburt zur Adoption freigegeben oder der Vater des Kindes wird verschwiegen; denn schon bei der standesamtlichen Eintragung der Geburt würde durch die Angabe des Inzesttäters das familiäre Verbrechen aufgedeckt. So wachsen diese Kinder „vaterlos" auf oder mit der Lüge eines unbekannten Erzeugers. Die wenigen Biografien von und über Inzestkinder lassen erahnen, welche Last sie zu tragen haben, auch wenn sie nicht die direkt Missbrauchten sind. Sie partizipieren indirekt am Schicksal ihrer Mütter.

> **Die Wiedergewinnung der Akzeptanz eigener Wertigkeit kann der letzte Schritt sein auf dem Weg aus Demütigung und Erniedrigung hinaus in ein neues Selbstwertgefühl.**

Forschungen zu diesem Problembereich sind dringend erforderlich, um auch Präventions- und Therapiemöglichkeiten zu erarbeiten.

Geschwisterinzest Auch diese Form des Inzestes wird ebenso sehr tabuisiert, da er im sozialen Nahbereich ausgeübt wird und selten an die Öffentlichkeit dringt. Vermutet wird, dass dieser Inzest noch häufiger vorkommen soll als der Vater-Sohn/Tochter- oder Mutter-Sohn/Tochter-Inzest. Doch genauere Ergebnisse fehlen, die sich quantifizieren lassen.

Die Verurteilung eines Geschwisterpaares durch das Bundesverfassungsgericht als letzte Revisionsinstanz am 13.03.2008 hat die Diskussion um den Geschwisterinzest, vor allem, wenn Kinder gezeugt wurden, neu entfacht. So wurden auch schwerpunktmäßig eugenische Gesichtspunkte für die Verurteilung benannt.

Ist der Geschwisterinzest eine Straftat ohne Opfer? Sehr verdienstvoll hat jetzt Esther Klees eine Dissertation zum Thema vorgelegt. Sie definiert: „Der Begriff Geschwisterinzest bezeichnet sexuelle Kontakte, sowohl hands-on (mit direktem Körperkontakt) als auch hands-off (ohne direkten Körperkontakt) zwischen biologischen Geschwistern sowie Adoptiv-, Halb-, Stief- oder Pflegegeschwistern, die sich aufgrund der Motivation und/oder der Ausdrucksweise der sexuellen Handlungen vom entwicklungstypischen Sexualverhalten abgrenzen. Die sexuellen Kontakte können in homosexuellen wie auch heterosexuellen Geschwisterkonstellationen Ausdruck finden. Sie können sowohl beidseitig erwünscht und dem zufolge fürsorglich ausgerichtet sein, als auch einseitig initiiert und folglich machtorientiert von einem Täter/ einer Täterin durchgesetzt werden." (Aus: Thema Jugend. Kontexte 2, Zeitschrift für Jugendschutz und Erziehung, Nr. 1/2007 S.13)

Da die Konsequenzen aus dieser Form des Inzestes sich kaum von denen der sexuellen Gewalt unterscheiden und zu vergleichbaren posttraumatischen Belastungsstörungen führen können, muss einer Bagatellisierung widersprochen werden.

Literatur

Ursula Wirtz, Seelenmord. Inzest und Therapie, Stuttgart 6.Aufl. 1993;

Dirk Bange/Wilhelm Körner (Hg.), Handwörterbuch Sexueller Missbrauch, Göttingen 2002

Nathalie Schweighoffer, Die Opfer des Inzestes, Bergisch-Gladbach 1997

Ulrike M. Dierkes, „Meine Schwester ist meine Mutter". Inzestkinder im Schatten der Gesellschaft, Düsseldorf 1997

Manfred Karremann, Es geschieht am helllichten Tag. Die verborgene Welt der Pädophilen und wie wir unsere Kinder vor Missbrauch schützen, Köln 2007

Esther Klees, Geschwisterinzest im Kindes- und Jugendalter. Eine empirische Täterstudie im Kontext internationaler Forschungsergebnisse, Lengerich 2008

Täterprofile

Herbert Ulonska

Wir fragen immer wieder ratlos, wer diese Männer sind, die sich an Kindern und Jugendlichen vergreifen. Welche Täterprofile lassen sich statistisch signifikant aus der Forschungsliteratur „herausfiltern"? Es sind vor allem pädosexuelle Täter. Sie sexualisieren ihre Macht-, Gewalt-, Lustbedürfnisse und befriedigen sie mit Kindern und Jugendlichen.

Auf eine Bezeichnungsveränderung sei aufmerksam gemacht. Es zeigt sich ein Wandel in der Begrifflichkeit vom Pädo-philen zum Pädo-sexuellen vergleichbar dem vom „Sexuellen Missbrauch" zur „Sexuellen Gewalt".

Die Absicht des Täters ist es aber, das Kind so zu manipulieren, dass es seinem Begehren nach sexualisierter Befriedigung entspricht.

Neuerdings wird auch von Pädo-kriminellen gesprochen, vergleichbar mit der „Sexualisierten Gewalt".

Die Selbstbezeichnung, ein Pädophiler zu sein, legt ein Missverständnis nahe: die philia = Liebe/Freundschaft hat nichts mit den begehrenden sexualisierten Bedürfnissen des Täters zu tun.

Die sexuelle Orientierung verstanden als „Liebe für das Kind" der Pädosexuellen möchten sie als eine erzieherische Grundhaltung dem Kind gegenüber verstanden wissen. Die Absicht des Täters ist es aber, das Kind so zu manipulieren, dass es seinem Begehren nach sexualisierter Befriedigung entspricht.

Diese Manipulation des Kindes ist dem Täter oft nicht genügend bewusst. Er projiziert seine geformte Sexualität als Erwachsener auf die ungeformte Sexualität des Kindes.

Pädosexuelle Gewalt ist nicht nur auf die aktuelle sexuelle Lust gerichtet. Es werden ebenso verschiedene ungelöste und unerfüllte Bedürfnisse aus der kindlichen und jugendlichen Sozialisation des Täters aufgearbeitet. Es gibt auch Pädosexuelle, die ihre sexuelle Orientierung nur in Masturbationsphantasien oder durch pornographische Darstellungen mit Kindern selbstbefriedigen. Diese mehr an Medien (z.B. Videos) orientierte Gruppe soll hier nicht weiter betrachtet werden, auch wenn hinter jedem Video ein konkret missbrauchtes Kind zu sehen ist und der Besitz, die Weitergabe und Herstellung Straftatbestände sind.

Betrachten wir die Gruppe der Pädosexuellen genauer, so sind in der wissenschaftlichen Diskussion verschiedene Profile pädosexueller Täter bestimmbar. Vor allem drei Typen werden diskutiert: die fixierten, die regressiven und die soziopathischen Pädosexuellen.

Herbert Ulonska

1 Der fixierte Pädosexuelle (auch Kernpädosexuelle)
Er erlebt sich als Opfer; denn er fühlt sich ausgeliefert an das Leben. Ohnmacht und Hilflosigkeit gegenüber den Lebensbedingungen lassen ihn „kindliche Objekte" suchen, mit denen er sich identifizieren kann. Diese findet er im Kind. Das Kind ist wie er auf Hilfe und Unterstützung angewiesen.

Der fixierte Pädosexuelle möchte wieder wie ein Kind sein.

Erfahrungen des eigenen Versagens, des Scheiterns, der verweigerten Bedürfnisse und Sehnsüchte („Alles, was ich mache, ist ja doch verkehrt") lassen den Täter in Traumwelten flüchten. Er sucht die Identifikation z.b. mit medialen Helden. Vor einem schwachen Kind ist er selbst ein „Held". Selbstbewusste Kinder oder schon Pubertierende bedrohen ihn.

> **Der fixierte Pädosexuelle möchte wieder wie ein Kind sein.**

Zur Sozialisation: In der Kindheit haben fixierten Pädosexuellen oft männliche Bezugspersonen als Identifikationsfiguren gefehlt oder sie waren nur eingeschränkt und phasenweise vorhanden. Häufig lebte der Kernpädophile allein bei der Mutter. Es fehlte die Begegnung mit einem Mann, der Strategien der Lebensbewältigung vorlebte.

Pädosexuelle erlebten häufig schon ihre Väter als Opfer einer dominanten Frau/Mutter. Sie berichten, wie sich schon der Vater „bemuttern" ließ, wie ein ältestes Kind in der Familie. Die weibliche Bezugsperson erschien in der Entwicklung für das männliche Selbstbild als bedrohlich.

Die Befreiung aus der Opferrolle beginnt in der Pubertät und wird jetzt durch Identifikation mit dem Kind gesucht. Als Erwachsener hat der fixierte Pädosexuelle von der physischen und psychischen Unterlegenheit des Kindes keine neuen Ohnmachtserfahrungen zu erwarten. Er kann die Rolle des Stärkeren, des Beschützers, des Freundes, des Retters des Kindes wählen. Mängel der eigenen Sozialisation werden so kompensiert. Durch die Befriedigung dieser Bedürfnisse im Umgang mit Kindern bleibt er lange Zeit als sogn. Kinderfreund unentdeckt.

Dieses Machtgefälle zwischen dem erwachsenen Täter und dem schwachen Kind verschafft ihm Anerkennung. Es stärkt das verletzte männliche Selbstwertgefühl, was sich auch in der Faszination beim Betrachten von Kinderpornographie zeigt. Auch wenn er selbst sich in einer digitalen Bilderwelt befindet, erlebt er die Demütigungen des Kindes als Opfer anderer mit.

Pädosexuelle sexualisieren dieses Machtgefälle zwischen ihnen und dem Kind. Sie praktizieren eine Sexualität, die nicht dem kindlichen Entwicklungsstand entspricht. Der pädophile Täter erlebt sich im selben psychosexuellen Alter wie seine Opfer. Die sexuellen Handlungen Pädophiler entsprechen dem psychosexuellen Alter seiner Opfer. Der Pädophile sagt z.B. zum Kind: ‚Zeig mir deinen Pimmel, dann zeige

Täterprofile · Schwerpunkte

ich dir auch meinen." (Lothstein, S.48). Pädosexuelle vergessen dabei, dass sie das Kind mit dem eigenen erwachsenen, männlichen Körper und dem ausgebildeten Geschlechtsteil konfrontieren, was im erregten Zustand auf ein Kind bedrohlich wirken muss. Dadurch verändert sich die Beziehung zum Kind auch in qualitativer Hinsicht: es wird sexuell begehrt und zu einem Objekt sexueller Befriedigung. Es wird sexuell so manipuliert, als ob es erwachsen sei. (Dannecker, S. 393)

Pubertierende erleben nun ihre Sexualität als beziehungsstiftendes Geschehen. Pädosexuelle suchen das sexuelle Erleben mit dem nicht bedrohlich wirkenden schwachen oft gleichgeschlechtlichen Kind. Sie suchen in der Sexualität Nähe zum verletzten Kind in sich, das nun im Umgang mit dem anderen Kind Heilung erfahren soll.

Durch diese Identifikation mit dem Kind erfüllen sich die nicht erlebten Sehnsüchte eigener Kindheit nach Nähe, Liebe, Aufmerksamkeit, Zuwendung, Anerkennung. Diese narzisstische Verliebtheit in das Kind, das er selbst ist, zeigt eine starke emotionale Kongruenz zwischen damals und heute. Sie lassen Schuldgefühle gegenüber dem Opfer kaum aufkommen.

Das aufgeklärte, kritische und selbstbewusste Kind ist für Pädophile uninteressant.

Die bewundernde oder anbetende Haltung des Kindes bestätigt sein Selbstbild, indem er sich selbst als liebend und sorgend wahrnimmt. Das fördert sein Selbstwertgefühl und bestätigt sein Selbstbild. (Lothstein, S.54)

Fixierte Pädosexuelle sind oft unverheiratet, leben allein, sind isoliert und leiden unter starken Kontaktstörungen. In ihren Arbeitsfeldern erleben sie sich als „Solisten", was durch bestimmte Berufe unterstützt wird.

Fixierte pädosexuelle Täter suchen in der Regel das gleichgeschlechtliche Kind zwischen dem 5. und 10. Lebensjahr. Das Kind verliert allerdings seine Faszination, wenn es in die Phase der Pubertät eintritt, kritisch-distanziert in Beziehungen wird, Erziehungsvorgaben widerspricht und vorgegebene Autoritäten hinterfragt.

Das aufgeklärte, kritische und selbstbewusste Kind ist für Pädophile uninteressant. Für die Präventionsarbeit ist es ein entscheidendes Ziel, selbstbewusste Kinder zu erziehen.

2 Der regressive Pädosexuelle

Auch diese Gruppe von Tätern versteht sich (wie die fixierten) als Opfer. In ihrer Entwicklung sind sie als Kinder zu kurz gekommen. Sie haben sich zu früh den Erwachsenen angepasst, um entsprechende Anerkennung durch Anpassung zu gewinnen. Sie haben ihr Kindsein nicht authentisch leben können. Ihre eigenen kindlichen Bedürfnisse haben sie verdrängt. Sie wollten den Erwartungen an einen „braven Jungen" entsprechen.

Diese frühzeitige Übernahme von Verhaltensweisen Erwachsener hat sie als „Frühreife" zwar beliebt gemacht, aber unter Gleichaltrigen wurden sie wenig akzeptiert. So wurden sie zu Außenseitern in ihrer Altersgruppe.

Anerkennung wurde durch die Übernahme eines leistungsorientierten Männerbildes gewonnen: Rationalität und Unterdrückung eigener Emotionalität; Selbstbeherrschung und sachbetontes Handeln. Das Imitieren vorgegebener Männlichkeitsideale hat das eigene Kindsein verleugnen lassen.

> Das Imitieren vorgegebener Männlichkeitsideale hat das eigene Kindsein verleugnen lassen.

Doch verleugnete und verdrängte Lebensphasen wiederholen sich im Lebenslauf. In einer späteren Lebensphase wird Versäumtes nachgeholt, jetzt aber im Umgang mit Kindern wieder belebt. So kommt es zu Regressionen im Erwachsenenalter.

Der regressive Pädosexuelle möchte Versäumtes nachholen und wieder wie ein Kind spielen können, nicht nur am Computer seinem Spieltrieb nachkommen; „die Leichtigkeit des Seins" in einer Stressgesellschaft genießen, noch einmal „das Kind im Manne" legal erleben, ohne gesellschaftlich sanktioniert zu werden.

Erst wenn dieses regressive Bedürfnis sexualisiert wird, beginnt der Missbrauch. Der Erwachsene fällt zurück in die Phase der kindlichen „Doktorspiele". Mögliche sexuelle Spielarten sind: gegenseitig sich nackt zeigen, Sexualorgane sehen, streicheln, masturbieren. Emotionale Nähe wird zuerst erotisiert, kann aber bei fortschreitendem Missbrauch allerdings anal oder vaginal sexualisiert werden.

Die Faszination für das Kind entspricht der Bewunderung durch das Kind. Der regressive Täter will dem Kind (in sich) „alle Liebe" schenken. Weil er es mit dem Kind gut meint, manipuliert er das Kind, seinen eigenen Bedürfnissen zu entsprechen. Er übergeht die tatsächlichen Bedürfnisse des Kindes auf Selbstbestimmung.

Anders der fixierte Pädosexuelle, der wie ein Kind zurück in die Kindheit will, hebt der regressive Pädosexuelle das Kind als gleichberechtigten Partner zu sich als Erwachsenen empor. Das ist sein Irrtum!

Viele regressive Täter haben früh gelernt, Verantwortung zu übernehmen. Sie finden sich in Kinder- und Jugendgruppen, oft in leitender Verantwortung. Sie erleben sich als „Retter" anderer zu kurz gekommener Kinder. Ihre Fürsorge und ihr vorbildliches Engagement für das Kind machen sie beliebt und unverdächtig. Sie haben es ja gelernt, zuerst auf die Erwartungen und Gefühle anderer zu achten, damit es ihnen selbst auch gut geht.

Da sich viele von ihnen in sozialen Berufen finden, ist die Selbstreflexion über die eigene berufliche Identität so wichtig.

Täterprofile

In der Pubertät der Zeit der Entwicklung zur reifen Sexualität wird unter Pubertierenden mit Sexualität renommiert. Krisen treten auf, z.b. Versagensängste, sexuell nicht zu genügen, nicht attraktiv für die gleichaltrigen Mädchen zu sein, körperlich nicht mithalten zu können. Da das angepasste Verhalten aus der Kindheit nicht mehr in der Pubertät mit Gleichaltrigen funktioniert, wird die Sehnsucht nach der „heilen" kindlichen Welt reaktiviert und idealisiert.

Der spielerische Umgang mit dem Kind verhindert Versagensängste. Da körperliche Nähe als erotisch angenehm erlebt wird, funktioniert der regressive Pädosexuelle das Kind um. Er macht es zum geeigneten gleichberechtigten Sexualpartner. Das ist sein Irrtum!

Diese regressiven Pädosexuellen haben es sehr schwer, Schuldgefühle gegenüber ihren Opfern zu entwickeln. Sie meinen es ja mit dem Kind nur gut. Die Einsicht, dass kein Kind Sexualität mit Altersungleichen erleben will, auch wenn das Kind durchaus schöne Gefühle erleben kann, ist ihnen wohl nur therapeutisch zu vermitteln.

3 Der soziopathische Pädosexuelle

Er ist durch ein ungleiches Machtverhältnis zwischen Mann und Frau geprägt. Frauen haben sich trotz gegenteiliger Bedürfnisse den Männern unterzuordnen. Das männliche Familienoberhaupt hat eindeutig „das Sagen", ist in der Regel der Ernährer und garantierte den sozialen Status der Familie. Frauenarbeit im Hause oder außer Hause in Teilzeitbeschäftigung wurde geringer bewertet.

Der Junge lernt ein männliches Vorbild kennen, das die klassischen patriarchalen Verhaltensmuster beinhaltet: Dominanz gegen Frauen, Selbstbeherrschung gegenüber eigenen Gefühlen, Durchsetzungswille und Unterwerfungsstrategien gegenüber Konkurrenten, was durchaus auch Formen der Gewalt impliziert.

Die Identifikation des Kindes mit dem vorgegebenen männlichen Ideal gerät mit dem Beginn der Pubertät in die Krise, wenn die gelernten männlichen Verhaltensweisen sich im Umgang mit gleichaltrigen Mädchen nicht durchsetzen lassen.

Das männliche Selbstbild, „ein richtiger Junge" zu sein, gerät in die Krise. Es zeigen sich körperliche Unterlegenheiten („Weichei") z.B. im Sport oder Ängste bei Mutproben, intellektuelle Niederlagen durch Mädchen in der Schule. Die Höherbewertung des Mannes im Vergleich zu Frauen außerhalb der Familie findet keine Bestätigung. Das männliche Selbstwertgefühl, das auf traditionellen männlichen Tugenden beruht, zerbricht in der Pubertät immer mehr und fördert die Selbstzweifel.

Der durch berufliche Beanspruchung oft abwesende Vater bleibt idealisiert. Er begleitet das Kind/den Jugendlichen nicht durch die Krisen des Mann-Werdens in der Pubertät. Vielmehr werden die Standards, die der Vater selbst lebt, vom Jungen hochgehalten. Versagensängste im Jungen vermehren sich, auch die Zweifel, ein richtiger Mann zu sein kommen auf.

Das hat auch Auswirkungen auf die erlebte und zu lebende Sexualität. Als begehrenswerte Sexualpartnerinnen haben Frauen dem Mann und seinen Bedürfnissen zu dienen. Dieser Anspruch auf Verfügbarkeit gerät in die Krise, wenn erste Versuche des Jungen scheitern, Mädchen erfolgreich „anzubaggern". Sie halten eben die Jungen in der Pubertät für nicht attraktiv und begehrenswert. Männliche Selbstzweifel führen zu weiteren Misserfolgserlebnissen, vertiefen Versagensängste, die leicht in Aggressionen umschlagen können. Sexualität wird dann als geeignetes Mittel zur Unterdrückung Schwächerer eingesetzt.

Die fehlende und nicht gelernte Gleichwertigkeit der Frau erhöht die Bereitschaft, Macht- und Dominanzverhalten gegenüber Jüngeren und Schwächeren einzusetzen,

Die fehlende und nicht gelernte Gleichwertigkeit der Frau erhöht die Bereitschaft, Macht- und Dominanzverhalten gegenüber Jüngeren und Schwächeren einzusetzen, um das gelernte männliche Selbstbild zu retten.

Soziopathische Pädosexuelle faszinieren solche ängstlichen, schüchternen, gehorsamen kleinen Mädchen, dagegen selbstbewusste bedrohen sie. Vor allem in eigenen Krisen- und Grenzsituationen, in denen ihre Männlichkeit in Zweifel gezogen wird, reagieren sie gegenüber Schwächeren mit sexualisierter Gewalt. (Altmann, S. 158)

Diese Täter suchen vor allem Mädchen bis zur Pubertät, weil der kindliche weibliche Körper durch Unschuld, Unverdorbenheit und Naivität fasziniert. Sobald diese Kinder aber geschlechtsreif werden, beginnen die Bedrohungen wieder zu wirken, ein „Versager" zu sein.

So leben soziopathische Täter höchst ambivalent. Erwachsene Weiblichkeit bedroht (tremendum) und erwachende Weiblichkeit des kindlichen Körpers fasziniert (fascinosum).

Diese Täter führen auch ein höchst ambivalentes Doppelleben: einmal sind sie an die Leistungsgesellschaft angepasst, leben unauffällig, in der bürgerlichen Gesellschaft. Zum anderen werden sie übergriffig und praktizieren eine aggressive Sexualität gegenüber Schwächeren. Sie erregen ihre Machtlust durch regelmäßige Phantasien bei der Masturbation und zum Teil auch beim Geschlechtsverkehr mit erwachsenen Frauen.

Mangelndes Unrechtsbewusstsein verhindert schuldfähig zu werden. Schuldfähigkeit ist aber eine entscheidende Voraussetzung, Empathie für die Leiden des Opfers über die aufgezwungene sexualisierte Gewalt zu empfinden. Hier kann präventive Arbeit mit Tätern ansetzen, um Schuldfähigkeit als Zeichen menschlicher Reife zu gewinnen.

Literatur

Nannette Altmann, Sexueller Missbrauch von Kindern und Jugendlichen durch Männer aller Altersgruppen, medizinische Dissertation, Humboldt-Universität zu Berlin 1982 (Lit.).

Günther Deegener, Sexueller Missbrauch: Die Täter, Verlag Julius Beltz, Weinheim 1995 (Lit.).

L.M.Lothstein, Psychologische Theorien über Pädophile und Ephebophile, S. 31-60, in: Steffen Rosetti/Wunibald Müller, Sexueller Missbrauch Minderjähriger in der Kirche. Psychologische, seelsorgerliche und institutionelle Aspekte, Matthias-Grünewald-Verlag Mainz 1996.

Claudia Bundschuh, Pädosexualität. Entstehungsbedingungen und Erscheinungsformen, Leske+Buderich, Opladen 2001 (Lit.)

Dirk Bange/Wilhelm Körner (Hrsg.), Handwörterbuch Sexueller Missbrauch, Verlag Hogrefe, Göttingen 2002 darin: Ulfert Boehme, Jungen als Opfer, S. 245-253 (Lit.); Martin Dannecker, Pädosexualität, S. 390-394 (Lit.).

Manfred Karremann, Es geschieht am helllichten Tag. Die verborgene Welt der Pädophilen und wie wir unsere Kinder vor Missbrauch schützen, DuMont Buchverlag Köln 2007.

Sexualität und Zärtlichkeit in der Entwicklung des Kindes

Ludger Kotthoff

Sexueller Missbrauch ist eine traumatische Erfahrung, die die Persönlichkeitsentwicklung des Kindes und des Jugendlichen maßgeblich beeinträchtigt. Es ist daher eine dringende präventive Aufgabe, nicht nur Erwachsene an ihre Schutzfunktion gegenüber Kindern zu erinnern, sondern auch Kinder zu stärken, zu ermutigen und aufzuklären, damit sie sich selbst schützen können. Therapeutische Hilfe ist nötig, wenn bereits ein Missbrauch vorliegt. Nun ist es aber nicht leicht, einen Missbrauch zu erkennen. Greul (1998) meint, dass auch mit psychologischen Methoden wie z.B. Anfertigen von Zeichnungen, Umgang mit anatomisch korrekten Puppen sexueller Missbrauch nicht eindeutig diagnostiziert werden kann; „diagnostiziert werden können allenfalls Besonderheiten im Erleben und Verhalten betroffener Kinder" (S.39). Aber erst die genaue Beobachtung und der sorgfältige Vergleich einer normalen mit einer auffälligen Entwicklung des Kindes, erlaubt es, Rückschlüsse zu ziehen. In diesem Beitrag soll untersucht werden, welche Bedeutung und welchen Verlauf Zärtlichkeit und Sexualität in der normalen Entwicklung und beim sexuell missbrauchten Kind haben.

1 Bedeutung der Zärtlichkeit in der Entwicklung des Kindes

Bereits vor 100 Jahren hat Alfred Adler, einer der Väter der Tiefenpsychologie, vom „Zärtlichkeitsbedürfnis des Kindes" gesprochen, „dessen angemessene Befriedigung in der Kindheit wesentlich dazu beiträgt, ob ein Mensch später selbst Zärtlichkeit geben kann" (1908/1973, S. 127). Wenn Eltern ihre Kinder streicheln, kitzeln, necken, drücken, küssen, kosen - oder wie auch immer die zärtliche Berührung aussehen mag - teilen sie ihrem Kind mit, dass es so, wie es ist, mit all seinen Eigenschaften und Fähigkeiten, angenommen ist. Es kann sich der liebevollen Zuneigung der Eltern sicher sein. Zärtliche Ausdrucksformen beinhalten Zuwendung und Akzeptanz. In der Partnerschaft der Eltern sind sie ein wichtiger Indikator dafür, ob ihre Beziehung in Harmonie ist. In der Eltern-Kind-Beziehung sind sie Voraussetzung und Hinweis für eine sichere, auf Einfühlung und Respekt beruhende Eltern-Kind-Bindung (Grossmann/Grossmann, 2004).

Kinder wollen und brauchen Zärtlichkeit. Ein Mangel an Zärtlichkeit oder falsch verstandene Zärtlichkeit, die die Grenzen und Rechte des Kindes nicht achtet,

Ludger Kotthoff

haben schädliche Auswirkungen in der emotionalen Entwicklung des Kindes. Im täglichen Umgang mit Kindern gibt es Zeiten, da wollen und brauchen Kinder Zuwendung und Nähe, und es gibt Zeiten, in denen Berührungen und Körperkontakt nicht passen oder sogar unangenehm sind. Manche Eltern, Großeltern oder andere nahe Erwachsene drücken und küssen die Kinder, obwohl diese es manchmal nicht wollen. Wenn ein Kind sich in einer Spielsituation befindet oder neugierig einen Sachverhalt erkundigt oder andere Gefühle im Vordergrund stehen, sind Küssen, Drücken und Kosen fehl am Platz. Die Wünsche des Kindes nach eigenem Handeln, eigenen Gefühlen und eigenständiger Exploration werden nicht beachtet und respektiert. Zärtlichkeit nimmt Rücksicht auf die Wünsche und Bedürfnisse des Anderen. Einfühlsame Eltern suchen eine Entsprechung zwischen dem eigenen Wunsch und dem Wunsch des Kindes. Erst wenn die Bezugsperson feinfühlig die Bedürfnisse des Kindes nach Nähe und Körperkontakt oder nach Autonomie und Unabhängigkeit wahrnimmt und angemessen darauf reagiert, fühlt es sich in seiner Individualität geachtet. Es weiß, dass es eigene Gefühle und Wünsche haben darf und dass seine Bedürfnisse ernst genommen werden. Nur dann kann es Ich-stärke und Kompetenz mit einem realistischen Selbstbild und ein positives Selbstwertgefühl entwickeln.

In ihrem zentralen Wunsch nach Liebe und Akzeptanz, passen sich Kinder den Wünschen und Bedürfnisse der Eltern bedingungslos an...

2 Der Missbrauch von Zärtlichkeit

Die frühen Erfahrungen im Hinblick auf Zärtlichkeit sind wichtige Indikatoren dafür, ob ein Kind gefährdet ist oder nicht. Kinder, die vernachlässigt, misshandelt oder sexuell missbraucht worden sind, haben nicht nur zu wenig Zärtlichkeit bekommen, sondern werden in ihrem „Bedürfnis nach Zärtlichkeit" (Adler) und in ihrem Wunsch nach Zuwendung, Zugehörigkeit und emotionaler Sicherheit betrogen.

Dazu ein Beispiel aus der kindertherapeutischen Praxis meiner Frau: Alina, 6 Jahre alt, legt sich, wenn sie nicht schlafen kann, ins Bett des Vaters und kuschelt sich bei ihm an. Sie würde gern in Mutters Bett gehen, aber Mutter kann ihre Körpernähe nicht haben. Der Vater macht Alina dann den Vorschlag, das „Körbchen-Spiel" zu spielen, so wie sie es nennen. Dazu muss sich das Kind in den Schoß des Vaters einkuscheln. Anfänglich findet sie das schön und lustig, doch dann verändert sich etwas. „Der hat auf einmal so etwas Komisches, Hartes zwischen den Beinen". Sie merkt, dass der Vater sich in seinem Verhalten verändert, er wird sexuell erregt, stöhnt und produziert fremde, Angst machende Töne und ist auf einmal nicht mehr der zärtliche, liebevolle Vater. „Ich bekommt Angst vor Papa. Ich verstehe das nicht und möchte weg, aber er hält mich fest. Papa sagt dann, ich darf Mama nichts davon sagen!"

Ein zweites Beispiel: Mutter und ihr 6jähriger Sohn baden regelmäßig zusammen in der Badewanne. Sie waschen sich gegenseitig auch im Intimbereich, streicheln und küssen sich. Nach einer gewissen Zeit schickt die Mutter ihren Sohn abrupt und barsch aus dem Badezimmer. Von draußen hört er, wie die Mutter stöhnt und für den Sohn fremde Geräusche produziert. Er hat Angst und weiß nicht was los ist. Wenn er zurück ins Badezimmer geht, wird er von der Mutter brutal und aggressiv abgewiesen. Die Mutter verwandelt sich in seinen Augen zu einem unbekannten, Angst machenden Wesen.

Ein drittes Beispiel: Die 14jährige N. erzählt, dass Vater, wenn er zu viel Alkohol getrunken hat, immer in ihr Bett kommt, weil Mutter ihn nicht im Schlafzimmer haben will. Er übt zwar keine sexuelle Gewalt aus, kuschelt sich aber an, sucht ihre Körpernähe, will ihr von seinem Leid erzählen. N. will das nicht hören, fühlt sich unwohl und nicht respektiert in ihrem intimen, persönlichen Bereich. Sie wird ärgerlich auf die Mutter und hat Mitleid mit dem Vater und ekelt sich gleichzeitig vor seiner Schwäche.

In diesen Beispielen werden die Kinder getäuscht und ausgebeutet, weil die Eltern das Bedürfnis ihrer Kinder nach Zärtlichkeit, Nähe und Körperkontakt für die eigenen emotionalen und sexuellen Wünsche missbrauchen. Die sexuelle Erregung der Erwachsenen macht ihnen Angst und verwirrt sie, weil das nicht mehr ihre Eltern sind, deren Zuwendung und Zärtlichkeit sie wollen. Die Kinder werden mit ihrer Angst allein gelassen, ihre Gefühle werden geleugnet, und der Täter behauptet, dass das, was das Kind wahrgenommen und erlebt hat, falsch oder erfunden sei, oder er zwingt es mit Drohungen zum Schweigen. In ihrem zentralen Wunsch nach Liebe und Akzeptanz, passen sich Kinder den Wünschen und Bedürfnisse der Eltern bedingungslos an und bieten damit eine ideale Projektionsfläche. Misshandelnde Eltern sind häufig überfordert, allein gelassen oder sind psychisch krank und haben fast immer Partnerprobleme (z.B. Probleme mit Distanz und Nähe oder Sexualität). Die Kinder bemühen sich, etwas für die Harmonie der Eltern zu tun, übernehmen die Rolle des Partners und akzeptieren damit Bedürfnisse, die eigentlich nicht ihnen, sondern dem Partner gelten. Damit halten die Eltern die Generationen- und Inzest-Schranke nicht ein und stürzen die Kinder in einen massiven Ambivalenz-Konflikt: Die geliebten Eltern oder auch andere nahe stehende Erwachsene werden für das Kind zu Angst machenden, irritierenden oder Gewalt ausübenden Personen. Angst,

Depression, Verwirrung, Entwicklungsverzögerungen, Scham und Schuldgefühle sind die Folgen.

Unter sexuellem Missbrauch kann man einmal den mit Gewalt und Verletzung verbundenen, einzelnen traumatischen Akt verstehen. Häufiger ist jedoch der Missbrauch, der sich langsam aus engen, intimen, zärtlichen Beziehung entwickelt und meistens eine jahrelange Leidensgeschichte (zwischen 2 und 10 Jahren) hat. Kinder werden durch das lang andauernde Trauma des Missbrauchs in der Bewertung von Zärtlichkeit, Nähe und Körperkontakt falsch programmiert. Gehirnphysiologen sprechen von „Bahnungen" (Hüther, 2003). In Form von synaptischen Verbindungen im Gehirn entstehen aufgrund von belastenden Stress-Situationen Reaktionsmuster, die später in ähnlichen Situationen als Bewältigungsstrategien wieder lebendig werden. Missbrauchte Kinder interpretieren alltägliche Situationen falsch. Sie können nicht unterscheiden oder vorhersehen, ob die Zärtlichkeit ihnen und ihrer Person gilt oder ob sie wieder zu Opfern gemacht und missbraucht werden. Petermann und Wiedebusch (2003, S. 127ff) führen empirische Befunde an, aus denen hervorgeht, wie stark misshandelte und missbrauchte Kinder im Wahrnehmen, Verstehen und Regulieren von Emotionen gestört sind. Sie zeigen häufiger als andere Kinder negative Emotionen, z.B. Ärger und Aggression in Konfliktsituationen oder Scham und Schuld in sozialen oder Leistungssituationen. Sie sind weniger in der Lage, den mimischen Emotionsausdruck anderer Personen richtig zu interpretieren und haben Schwierigkeiten, die Ursachen und Konsequenzen sozialer und emotionaler Situationen richtig einzuschätzen oder auf den Emotionsausdruck anderer angemessen zu reagieren. Auf normale, alltägliche Freundlichkeit reagieren sie häufig mit anklammerndem und distanzlosem Verhalten. Kritik oder Abgrenzung bewerten sie als Angriff und reagieren mit hoch aggressiven oder selbstverletzenden Reaktionen. Sie ignorieren ihre eigenen Gefühle oder interpretieren sie falsch, weil sie in Stresssituationen überlastet sind und sich auf diese Weise vor unangenehmen, bedrohlichen oder verwirrenden Gefühlen schützen müssen. Diese Mängel bewirken, - so stellen Petermann und Wiedebusch, (2003) zusammenfassend fest - dass misshandelte und missbrauchte Kinder „aggressiver und unaufmerksamer (sind), sie haben ein geringeres Selbstwertgefühl und entwickeln eine geringere soziale Kompetenz sowie mehr Verhaltensauffälligkeiten" (S. 133).

3 Bedeutung und Entwicklung der Sexualität des Kindes

Die Psychoanalyse hat bekanntlich die Sexualität als zentrale Motivation menschlichen Handelns angesehen. Die moderne Kleinkindforschung macht jedoch deutlich, dass nicht die Sexualität, d.h. der Lustgewinn und die Erregung durch die manipulative Reizung bestimmter Körperzonen der Motor der Entwicklung ist, sondern die „Entdeckung von Wirkmächtigkeit". Dornes (2006) versteht darunter „die Funktionslust, das Vergnügen, die Freude oder....die Erregung über die Entdeckung eines Zusammenhanges und das Hervorrufen eines Ereignisses, dessen Urheber man selbst ist" (S.222). Am Anfang der Entwicklung steht also die Freude des Kindes am Entdecken und Erkunden der Umwelt. Auch der eigene Körper mit seinen Organen - auch den Geschlechtsorganen und seinen Funktionen - wird zum Gegenstand einer lustvollen, neugierigen, befriedigenden Erforschung. Erst im Verlauf der weiteren Entwicklung und in Abhängigkeit von kulturellen Normen werden die Grenzen von Körperlichkeit, Sinnlichkeit und Sexualität gelernt und definiert.

Wie verläuft nun die beobachtbare sexuelle Entwicklung des Kindes? Mit Volbert (1998) möchte ich unterscheiden zwischen auto-erotischen und sozio-sexuellen Verhaltensweisen. Die erste Kategorie ist eher beim Kleinkind zu beobachten. Hier steht die Exploration des eigenen Körpers und der Genitalorgane im Vordergrund. Bei den sozio-sexuelle Handlungen richtet sich die Neugier des Vorschul- und Grundschulkindes auf die anderen, d.h. auf den Körper und die Genitalorgane der Geschwister, Eltern, Freunde oder Spielkameraden.

> Erst im Verlauf der weiteren Entwicklung und in Abhängigkeit von kulturellen Normen werden die Grenzen von Körperlichkeit, Sinnlichkeit und Sexualität gelernt und definiert.

Fast alle Eltern haben die Beobachtung gemacht, dass ihre Säuglinge und Kleinkinder ihre Genitalien untersuchen und mit ihnen spielerische Manipulationen vornehmen. Im ersten Lebensjahr sind sie häufig aufgrund der mangelnden Koordinationsfähigkeit noch nicht in der Lage, gezielte Handlungen oder Reizungen vorzunehmen. Im zweiten und dritten Lebensjahr nehmen jedoch die spielerischen Manipulationen zu, bei Jungen stärker als bei Mädchen. 3- bis 5jährigen Kindern zeigen häufig genitale Berührungen bei sich und anderen und in Befragungen berichten etwa 50% der Eltern und Kindergärtnerinnen, dass sie bei den Kindern – bei Jungen wieder häufiger als bei Mädchen – masturbatorische Handlungen und Erregungen beobachtet haben. Manipulation, Funktionslust und Erregung sind also durchaus normal und altersgemäß und Volbert (1998) meint, die zentrale Frage sei nicht, *„warum* ein Kind masturbiere, sondern *wieviel* und *Wo*" (S. 388).

Neben den auto-erotischen Manipulationen kommen bei 3-bis 5-jährigen Kindern sozio-sexuelle Handlungen hinzu. Dabei geht es vorwiegend um das Interesse an den Geschlechtsorganen anderer Kinder sowie um das Zeigen und Zur-Schau-Stellen der eigenen Geschlechtsteile, dem auch das sog. „Doktorspiel" dient. Bei Befragungen werden Häufigkeiten von etwa 40 bis 60% der Kinder genannt, die an sozio-sexuellen Handlungen oder Spielen beteiligt sind. Andere sexuelle Handlungen wie Imitation eines Geschlechtsverkehrs, Einführen von Gegenständen in Vagina oder Anus wurden dagegen sehr selten beobachtet und gehören damit nicht zum normalen explorativen Interesse des Kindes an sexueller Betätigung.

Im Alter von 6 bis 12 Jahren gehen die sozio-sexuellen Handlungen zurück. In diesem Alter spielen die sozialen Tabus um Sexualität eine besondere Rolle, so dass sexuelles Verhalten häufiger im Verborgenen vollzogen wird. In allen Altersphasen ist also sexuelles Verhalten und Erleben zu beobachten. Innerhalb einer Altersgruppe besteht jedoch eine große Varianz, so dass nicht bei jedem Kind sexuelles Verhalten zu erwarten ist. Nach Volbert (1998, S.390f) kann man von folgendem Verlauf in der sexuellen Entwicklung ausgehen:

Bis zu 2 Jahren:

- » Genitale Erektion
- » Erfahrung von angenehmen genitalen Gefühlen
- » Genießen von Nacktheit,

3 bis 5 Jahre:

- » Lustvolles Masturbieren, manchmal bis zum Orgasmus
- » Sexuelle Spiele mit Gleichaltrigen und Geschwistern: Zeigen der eigenen Genitalien; Exploration der eigenen Genitalien oder der von anderen;
- » Genießen von Nacktheit; Ausziehen in Gegenwart von anderen

6 bis 12 Jahre:

- » Sexuelle Spiele mit Gleichaltrigen und Geschwistern; Rollenspiele und sexuelle Phantasien; Küssen, gegenseitiges Masturbieren, simulierter Geschlechtsverkehr
- » Scham und Verlegenheit; sexuelle Spiele werden vor Erwachsenen geheim gehalten
- » Interesse für Sexualität in Medien
- » Beginn pubertärer Veränderungen: Menarche und Brustentwicklung bei Mädchen; Ejakulation bei Jungen

13 Jahre und älter:

- » Fortsetzung der körperlichen Veränderung
- » Küssen, Petting, gegenseitiges Masturbieren
- » Sexuelle Phantasien und Träume
- » Geschlechtsverkehr

Sexualität und Zärtlichkeit in der Entwicklung des Kindes

Die Entwicklung der Körperlichkeit und Sexualität der Kinder und Jugendlichen kann für Erwachsene ausgesprochen erotisch sein. Sie können dabei Ästhetik, Freude oder Stolz über die Vitalität und die lustvollen Bewegungen eines nackten kleinen Mädchens oder Jungens oder über die erotische Ausstrahlung von Heranwachsenden empfinden. Dieses wahrzunehmen ist nicht auffällig oder krankhaft, sondern ein erlaubtes und gesundes Gefühl, weil hier die Emotionen des Kindes und des Jugendlichen in ihrer Natürlichkeit und ihrer Entwicklung geachtet werden. Entscheidend ist, ob der Erwachsene die Erotik des Kindes zur Befriedigung seiner sexuellen Bedürfnisse ausbeutet und damit der Beziehung eine Qualität gibt, die vom Kind nicht gewollt ist.

In klinischen Untersuchungen kommt zum Ausdruck, das sexuell missbrauchte Kinder im Vergleich zu anderen klinisch auffälligen Kindern in fast allen untersuchten Symptomen (z.B. aggressives Verhalten, sozialer Rückzug, Depression, Angst, Lernstörungen, Aufmerksamkeitsdefizite) höhere Werte aufweisen als nicht missbrauchte Kinder. Dabei kommt es vorwiegend auf das Alter des Kindes und die Schwere und Dauer des Missbrauchs an. Manchmal zeigen Kinder zum Zeitpunkt des Missbrauchs gar keine Symptome, sondern erst zu einem viel später Zeitpunkt.

Manchmal zeigen Kinder zum Zeitpunkt des Missbrauchs gar keine Symptome, sondern erst zu einem viel später Zeitpunkt.

Neben den genannten Auffälligkeiten zeigt sich vor allem auch frühreifes oder unangemessenes sexuelles Verhalten wie z.B. übermäßiges Interesse an den Genitalien der Eltern oder Geschwister, sexualisiertes Spiel mit Puppen, das Einführen von Gegenständen in Vagina oder Anus, exzessives oder öffentliches Masturbieren, verführerisches Verhalten, die Aufforderung zu sexueller Stimulation, Erzwingen von sexuellem Verhalten durch Gewalt oder schüchternes, zurückgezogenes Verhalten gegenüber Männern. Volbert (1998) betont, dass sexualisiertes Verhalten eine wichtige Indikatorfunktion für sexuellen Missbrauch hat, dass „eine Koppelung zwischen auffälligem Sexualverhalten und sexuellem Missbrauch nicht zwangsläufig (besteht)" (S. 395). Jeder einzelne Fall muss deshalb genau geprüft werden, welches die Ursache des beobachteten Verhaltens ist. Ein sexueller Missbrauch ist dabei nur einer unter mehreren Gründen.

4 Resümee

Das Erkennen von sexuellem Missbrauch ist und bleibt eine schwierige Angelegenheit. Weder die Anwendung von psychologischen Methoden noch die Beobachtung des Verhaltens und Erlebens des Kindes führen zu eindeutigen Befunden. Der Pädagoge muss mit dem Konflikt leben, auf der einen Seite die Hilferufe (auch nonverbale) des Kindes erkennen zu müssen, um dem Kind wirkungsvoll zu helfen, auf der anderen Seite aber keine eindeutigen Kennzeichen zu haben, die auf Missbrauch hindeuten. Um dieses Problem lösen zu können, muss der Pädagoge die Beziehungsdynamik von Kind und Bezugsperson verstehen, die aus dem Bedürfnis des Kindes nach Zärtlichkeit entsteht. Weil Kinder existentiell auf Körperkontakt, Zuwendung und Akzeptanz angewiesen sind, können sie die Missbrauchsdynamik nicht erkennen und werden verführbar, weil die Hoffnung nach echter Zärtlichkeit nicht befriedigt wird. Es ist daher eine wichtige pädagogische Aufgabe, Kinder zu ermutigen und zu stärken, ein Recht auf Individualität und eigene Gefühle einzufordern.

Literatur

Adler,A., Das Zärtlichkeitsbedürfnis des Kindes (1908). In: Adler,A., Furtmüller,C., (Hrsg.) Heilen und Bilden. Frankfurt 1973, S.63-66

Dornes,M., Die Seele des Kindes. Entstehung und Entwicklung. Frankfurt 2006

Greul,L., Anatomische Puppen. Zur Kontroverse um ein diagnostisches Hilfsmittel. In: Amann,G. Wipplinger,R., (Hrsg.) Sexueller Missbrauch. Tübingen 1998, S.370-384

Grossmann,K., Grossmann,K.E., Bindung – das Gefüge psychischer Sicherheit. Stuttgart 2004

Hüther,G., Die Auswirkungen traumatischer Erfahrungen im Kindesalter auf die Hirnentwicklung. In: Brisch,K.H., Hellbrügge,T., (Hrsg.) Bindung und Trauma. Stuttgart 2003, S. 94-104

Petermann,F., Wiedebusch,S., Emotionale Kompetenz bei Kindern. Göttingen 2003

Volbert,R., Sexuelles Verhalten von Kindern: Normale Entwicklung oder Indikator für sexuellen Missbrauch? In: Amann,G., Wipplinger,R., (Hrsg.) Sxueller Missbrauch. Tübingen 1998, S. 385-396

Frauen, Mädchen und Mütter als Sexualtäterinnen

Monika Friedrich

Eine Auseinandersetzung mit dem Thema sexuelle Gewalt wäre unvollständig, bliebe das Thema Täterinnen unerwähnt. Denn: Es gibt auch Frauen, Mädchen und sogar Mütter, die fremden oder ihren eigenen Kindern sexuelle Gewalt antun.

Über genaue Zahlen zu weiblicher Täterschaft gibt es in der Literatur nur Schätzungen. Die Dunkelziffer bei solchen Delikten ist vermutlich noch weitaus höher als bei männlicher Täterschaft. Hier vermutet man, dass viele der Taten, besonders bei Kleinkindern, unter hygienischen bzw. fürsorglichen Aspekten verborgen bleiben.

Untersuchungen legen nahe, dass ca. fünf bis 20 Prozent aller Fälle sexueller Gewalt gegen Kinder und Jugendliche von Täterinnen ausgeübt werden. (vgl. Jennings in Elliot 1995, 304 - 305). Dabei sind ca. 23 Prozent der Täterinnen Angehörige, ca. 50 Prozent Bekannte, der Rest sind Fremde.

Sexuelle Gewalt an Kindern durch Frauen widerspricht unserem idealisierten Bild von Weiblichkeit und Mutterschaft.

Doch auch wenn der Anteil von Frauen/Müttern an Sexualtaten gegen Kinder vergleichsweise gering zu sein scheint, ist das „…kein Grund, ihre kriminellen Handlungen zu ignorieren: Das wäre, als wollten wir ein Puzzle zusammensetzen, obwohl ein paar Teile fehlen", wie Jennings formuliert (Jennings in Elliot 1995, S. 308).

Sexuelle Gewalt an Kindern durch Frauen widerspricht unserem idealisierten Bild von Weiblichkeit und Mutterschaft. Dieser Gedanke ist in höchstem Maße tabuisiert. Dennoch müssen wir uns der Erkenntnis stellen, dass es diese Täterinnen gibt.

Ich möchte kurz auf einige Hintergründe dieser Tabuisierung eingehen, die ihre Wurzeln in unserer christlich geprägten europäischen Kultur haben. Nur wenn wir diese Hintergründe kennen, uns mit ihnen auseinandersetzen, können wir auch das Tabu brechen. Und es muss gebrochen werden, damit den Opfern des sexuellen Missbrauchs durch Frauen, Mädchen und Mütter geglaubt werden kann. Nur dann kann ihnen geholfen werden. Opfer von Sexualtäterinnen sind überwiegend Jungen, aber auch Mädchen.

In der abendländischen christlichen Kultur wird Mütterlichkeit mit gehemmter Sexualität, mit Sexualverzicht und sogar mit einem Libidomangel (vgl. Amendt 1993, S. 71) verbunden. Damit wird ein Idealbild der Frau und Mutter unterstützt. Dieses Idealbild suggeriert die Mutter als umsorgend, behütend, pflegend, aufopferungsvoll und hingabewillig. Wir stellen uns die Mutter als neutrales Wesen vor, dessen Blicke, Wünsche und Handlungen allein von Güte und Fürsorglichkeit geprägt sind. Diese Glorifizierung der Mutter orientiert sich am christlichen Bild der Mutter Maria. Es grenzt an eine Verleugnung der Realität.

Kern dieser Verleugnung, so kann vermutet werden, ist ein ganz emotionaler kindlicher Aufschrei in uns allen: „Mutter ist nicht böse!" Allein die Vorstellung, dass Frauen und Mütter Kinder, und manchmal sogar ihre eigenen, sexuell missbrauchen, wird als völlig inakzeptabel empfunden. Sie steht in so krassem Widerspruch zu tief verinnerlichten Wertvorstellungen, dass eine Art von Denk- und Wahrnehmungsverbot zu bestehen scheint. Es sorgt dafür, uns vor diesen unliebsamen Erkenntnissen wirkungsvoll zu schützen (vgl. Heyne 1993, S.274).

Täterinnen verüben sexuelle Gewalt häufig gemeinsam mit Männern.

Aber Mütter (wie alle Frauen) sind nicht asexuell. Zudem verfügen auch Sie über Macht und können Gewalt ausüben. Werden sie zu Täterinnen, richten sie sexuelle Gewalt oft gegen das menschlich schwächste Glied, das Kind.

Ich möchte hier einige Charakteristika weiblicher Täterschaft vorstellen, die sich aus den bisherigen Erkenntnissen aus Forschung und theoretischer Literatur ableiten lassen (die meisten dieser Charakteristika treffen übrigens auch auf männliche Pädophile zu).

Sexualtäterinnen kennen gewöhnlich ihre Opfer und sind Vertrauenspersonen.

Da Mütter oder Frauen meist die Versorgerinnen von Kindern sind, ist die Nähe zu den Kindern vorgegeben.

Der sexuelle Missbrauch umfasst unterschiedliche sexuelle Handlungen wie Streicheln, gegenseitiges Masturbieren, Oral-, Anal- und Vaginalverkehr. Auch die Herstellung von Pornografie und Sexspielen, an der Frauen teilnehmen, tut Kindern und Jugendlichen sexuelle Gewalt an.

Täterinnen verwenden – wohl auch wegen ihrer unterschiedlichen Sozialisation – seltener physische Gewalt oder Drohungen. Meist überreden sie ihre Opfer. Einige Autoren unterstreichen aber, dass Frauen sich in den Methoden des Umgangs mit ihren Opfern wenig von den männlichen Tätern unterscheiden, also auch Gewalt und Drohungen einsetzen.

Täterinnen verüben sexuelle Gewalt häufig gemeinsam mit Männern. In diesen Fällen spielen sie oft eine untergeordnete, nicht initiative Rolle.

Es gibt aber auch Frauen, die selbst initiativ werden und ohne männlichen Zwang sexuelle Gewalt gegen Kinder verüben. Auch ist bekannt, dass einige Täterinnen, die von Männern gezwungen wurden, gemeinsam mit ihnen übergriffig zu werden, bei Wegfall des männlichen Zwangs weiter eigeninitiativ sexuelle Gewalt gegen Kinder ausüben.

Frauen, Mädchen und Mütter als Sexualtäterinnen

Über die Geschlechtsverteilung ihrer Opfer gibt es keine eindeutigen Erkenntnisse. Vermutlich werden mehr Jungen zu Opfern als bekannt wird. Jungen sprechen aber seltener als Mädchen über solche Erfahrungen, weil sie sich nicht als Opfer sehen können. Oft idealisieren sie wohl auch den sexuellen Missbrauch als positives Erlebnis, dem Klischee „Junge und ältere Geliebte" folgend. Sie sind so vermutlich bei den bekannt gewordenen Fällen unterrepräsentiert.

Dauer und Häufigkeit der sexuellen Gewalt von Mädchen, Frauen/Müttern gegen Kinder sind geringer als bei männlichen Tätern. Auch die Anzahl der Opfer pro Täterin ist niedriger, obwohl auch sie häufig mehr als einem Kind sexuelle Gewalt antun. Zu Opfern werden sowohl die eigenen als auch fremde Kinder.

Frauen üben überwiegend im Alter von 16 – 36 Jahren sexuelle Gewalt gegen Kinder aus. Männer dagegen begehen diese Taten viel häufiger bis in ein höheres Lebensalter hinein. Aber auch Mädchen unter 16 Jahren begehen sexuellen Missbrauch an Kindern, die z.B. ihrer Obhut anvertraut sind.

Sexualtäterinnen sind eine höchst heterogene Gruppe und kommen aus allen sozialen Schichten. Es ist bisher noch kaum gelungen, eine „typische" Missbraucherin zu definieren. Es gibt bisher nur eine Typisierung nach Verantwortungsgraden, die unten vorgestellt wird.

Die Vermutung, dass eigene Erfahrungen mit sexueller Gewalt als Kind ungebrochen zu weiblicher Täterschaft führen, lässt sich nicht erhärten. Wir wissen sicher, dass die meisten Opfer männlicher und weiblicher Täter weiblich, aber die überwiegende Mehrzahl der Täter männlich sind. Ein direkter Zusammenhang zwischen Gewalterfahrung und späterer Täterschaft ließe das umgekehrte Verhältnis erwarten: Frauen müssten den größten Teil der sexuellen Gewaltdelikte begehen. Dem widerspricht nicht, dass viele der Täterinnen als Kind selbst sexuelle Gewalterfahrungen gemacht haben. Sie wiederholen dann diese Erfahrungsmuster an eigenen oder fremden Kindern.

> **Frauen üben überwiegend im Alter von 16 – 36 Jahren sexuelle Gewalt gegen Kinder aus.**

Es ist auch bekannt, dass Drogen-, Medikamenten- und/oder Alkoholmissbrauch eine Rolle spielen. Oft haben Sexualtäterinnen auch psychische Probleme. Zur Bedeutung psychischer Krankheit von Täterinnen gibt es aber widersprüchliche oder uneindeutige Aussagen. Hier spielt eine Rolle, dass weibliche Täterschaft – wie oben ausgeführt – so unfassbar scheint, dass psychische Krankheit von vorn herein unterstellt und damit zu hoch angesetzt wird.

Täterinnen-Typologie

Täterprofile wurden auf einer ausreichenden Basis von Forschungsergebnissen entwickelt. Es gibt dagegen noch zu wenige gesicherte Informationen, um klare Täterinnenprofile entwickeln zu können. Sicher hat das auch mit der oben angesprochenen Tabuisierung von weiblicher Täterschaft zu tun.

In einer amerikanischen Studie über Frauen, die wegen sexueller Gewalttaten in Therapie waren, konnten jedoch folgende Täterinnentypen erarbeitet werden. Typisiert wurde nach dem Grad der Verantwortung für die Tat.

Der Liebhaberin wird die volle Verantwortung für die Tat (Teacher/Lover – Ausbeuterische Verführung) zugeschrieben. Sie missbraucht überwiegend vorpubertäre und pubertierende Jungen. Die Liebhaberin ist eine erwachsene Frau, die ihre Machtposition und Überlegenheit ausnutzt. Sie macht sich das Macht- und Autoritätsgefälle in der Beziehung zu Nutze, das beispielsweise zwischen ‚Lehrerin und Schüler' oder ‚Chefin und Auszubildendem' besteht. Aber auch Mütter, die ihre Söhne „in die Liebe einführen" oder sie als Partnerersatz missbrauchen, gehören zu diesem Täterinnentyp. Sie initiieren die sexuelle Gewalt und spielen ihre Macht- und Autoritätsposition oder ihre Rolle als Mutter aus.

> Sexualtäterinnen sind eine höchst heterogene Gruppe und kommen aus allen sozialen Schichten.

Die vorbelastete Täterin wurde als Kind selbst missbraucht und wiederholt dieses Erfahrungsmuster bei Kindern. Auch sie trägt eine Verantwortung für ihre Tat, wenn auch in geringerem Maße als die Liebhaberin. Wir dürfen nicht vergessen, dass es viele erwachsene Frauen gibt, die Missbrauchserfahrungen haben, aber nicht zu Täterinnen werden! Eigene Erfahrung mit sexualisierter Gewalt lässt Frauen also nicht zwangsläufig zu Täterinnen werden. Wie bereits erwähnt, zeigen die Statistiken, dass die meisten Opfer Mädchen sind, die meisten Täter aber Männer. Bestünde eine Zwangsläufigkeit und damit eine fehlende Verantwortlichkeit der Frauen, müsste das Verhältnis umgekehrt sein.

Die Mittäterin dagegen steht unter männlicher Gewalt. Sie nimmt meist unter Zwang an den von ihrem Partner initiierten sexuellen Gewalttaten teil. Sie ist extrem abhängig von Männern und hat Angst vor Zurückweisung. Sie fürchtet, verstoßen, verlassen oder selbst noch größerer Gewalt durch den Mann ausgesetzt zu werden. Ihr Selbstwertgefühl ist niedrig. Sie kann sich der Manipulation oder des Zwanges zu sexuellen Handlungen an eigenen oder fremden Kindern durch den Mann/Partner nicht entziehen. Sie macht mit.

Ich möchte zu diesem letzten Typus noch ergänzend anfügen:
In einer besonders prekären Situation ist die *Mittäterin in Inzestfällen*. Sie unterliegt dem zusätzlichen Zwang, nach außen eine „heile Familie" vorzutäuschen.

Dabei spielen Scham und Angst eine große Rolle. Die typische Inzestfamilie ist nämlich gekennzeichnet durch eine patriarchale Familienstruktur. Der Mann ist hier meist der einzige „Ernährer der Familie". Die Frau ist nicht nur physisch und psychisch abhängig vom Ehemann/Partner, sondern auch materiell. Sie hat oft keine Berufsausbildung und so keine Basis für ein eigenes Einkommen. Sie hat damit geringe Chancen, eine eigenständige Existenzgrundlage für sich und ihre Kinder schaffen. Daher hat sie meist große Angst vor dem Zerfall der Familie und vor materieller Not. Sie kann so zusätzlich unter Druck gesetzt, gefügig und manipulierbar gemacht werden.

Kommen wir zurück zu der vorgestellten Typologie weiblicher Täterschaft.

Der „Liebhaberin" wurde der höchste Grad an Verantwortung zugeschrieben, der „Mittäterin" dagegen die geringste (vgl. Matthews in Elliot, dt. 1995, S. 116/117).

Für die Verarbeitung der Gewalterfahrung der von Täterinnen sexuell missbrauchten Kinder und Jugendlichen, aber auch für Prävention weiterer sexuellerGewaltanwendung durch Täterinnen, ist es unabdingbar, auch ihnen zu helfen. Solche Hilfe kann aber nur angeboten werden, wenn weibliche Täterschaft enttabuisiert wird.

Für Frauen und Mütter, die selbst Täterinnen geworden sind, müssen wir festhalten, dass systematisch noch kaum etwas über ihre Lebenssituationen und Biografien bekannt ist. Auch weiß man wenig darüber, wie sie ihre Taten verarbeiten.

Wie oben erwähnt, verweisen jedoch einige Studien darauf, dass die meisten unter männlichem Zwang handeln. Sie sind passiv und fühlen sich in zwischenmenschlichen Beziehungen machtlos. Sie leben in Ehen/Partnerschaften, in denen die Männer „das Sagen" und die Macht haben, ihre Frauen zum Missbrauch zu zwingen. Die Frauen fürchten, bei Gegenwehr verlassen, geschlagen oder selbst misshandelt zu werden. Sie fühlen sich ohnmächtig, sind also – auf einer anderen Ebene – selbst Opfer. Dieser Opferstatus entlastet sie jedoch nicht von der Verantwortung, die sie dennoch für die sexuellen Gewalttaten an den Kindern tragen.

> Der „Liebhaberin" wurde der höchste Grad an Verantwortung zugeschrieben, der „Mittäterin" dagegen die geringste (Matthews).

Fazit Täterinnen brauchen intensive Hilfe, sowohl in psychologischer und sozialer als auch in seelsorgerischer Hinsicht. Nur so können sie aus dem Teufelskreis der Gewalt befreit werden. Allein können diese Frauen die erforderlichen Kräfte und sozialen Kompetenzen nicht entwickeln, die sie brauchen, um die Spirale der Gewalt zu durchbrechen. Nur mit umfassender Hilfe können sie ihren Missbrauch an den

Kindern beenden. Das trifft besonders für die Frauen zu, die ihre eigenen Kinder missbrauchen. Erst wenn sie selbst stabilisiert sind, können sie nach und nach ihre Kinder bei der Verarbeitung der Gewalterfahrungen unterstützen und ihnen vielleicht sogar verlorenes Vertrauen zurückgeben.

Literatur

Bange, D. und W. Körner (Hg.): Handwörterbuch Sexueller Missbrauch. 2000

Breitenbach, E.: „Mütter" in: Bange, D. und W. Körner (Hg.), S. 367-371

Carter, B.J.: Who's to Blame? Child Sexual Abuse and Non-Offending Mothers. Toronto 1999

Elliot, M. (Hrsg.): Frauen als Täterinnen. Sexueller Missbrauch an Mädchen und Jungen. Ruhnmark 1995

Gerwert, U.: Sexueller Missbrauch aus der Sicht der Mütter. Eine Studie über Erleben und Bewältigung der Mütter betroffener Mädchen. 1996

Newberger, M. C. u.a.: "Mothers of Sexually Abused Children. Trauma and Repair in Longitudinal Perspective" in: American Journal Orthopsychiatric, 63, Nr. 1, S. 92-102

Ulonska, H./ H.H. Koch (Hg.): Sexuelle Gewalt gegen Mädchen und Jungen. 1997

Im Schutz der Anonymität - Online-Beratung für Betroffene sexualisierter Gewalt

Petra Risau

Internetnutzung Die Nutzung des Internet als Informations- und Kommunikationsmedium gehört mittlerweile zu einer Selbstverständlichkeit. In Deutschland nutzt ca. die Hälfte der Bevölkerung das Internet. So sind laut der aktuellen Studie internet facts (2007-II) 39,63 Millionen Deutsche ab 14 Jahren im Netz anzutreffen, das sind rund 61 Prozent der deutschen Wohnbevölkerung. Das Internet hat sich dieser Entwicklung nach zu einem Massenmedium etabliert, das auch die Online-Nutzerstrukturen stark verändert hat. Waren in den Anfängen des Internets hauptsächlich junge Menschen im Netz vertreten, so wird das Internet mittlerweile in allen Altersklassen genutzt.

Überblick: Internetnutzung nach Altersgruppen Die Jugendlichen und jungen Erwachsenen, also die 14-29-Jährigen, sind fast vollständig im Netz präsent, für sie ist die Online-Nutzung Bestandteil ihrer Kultur geworden, so selbstverständlich wie sich auch das Handy für sie als ständiger Wegbegleiter etabliert hat.

Dass das Internet für sie zum täglichen Instrument der Kommunikation geworden ist, zeigen ebenso die Erfolgsgeschichten von Internetportalen für Jugendliche. Ob youtube.com, ein kostenfrei zu nutzendes Portal für Videobotschaften, die unzähligen Musikportale oder auch Internet Communities wie stayfriends.de oder myspace.com, alle haben eines gemeinsam, die Selbstdarstellung der eigenen Person und die Kommunikation mit anderen Gleichgesinnten. Jugendliche zwischen 14 und 19 Jahren sind bereits bis zu 94,4% im Netz vertreten, über 2/3 dieser Jugendlichen nutzen Internetforen und –chats zum Austausch untereinander. Die E-Mail ist allerdings der meist genutzte Internetdienst zur Kommunikation untereinander und wird ebenso auch von den anderen Altersgruppen stark genutzt.

Bei den 30-39-Jährigen zählen immerhin 81,4 Prozent zu den Onlinenutzer/innen, bei den 40-49-Jährigen sind es mit 72,6 Prozent bereits fast drei Viertel. Der Anteil bei den 50-59-Jährigen liegt bei über 50 Prozent, d.h. auch in dieser Altersklasse ist bereits mehr als die Hälfte im Internet vertreten. Die über 60-Jährigen nutzen bisher noch am geringsten das Netz und sind mit 23 Prozent bislang nur zu einem knappen Viertel online. (vgl. Arbeitsgemeinschaft Onlineforschung, 2007)

Angesichts dieser hohen Verbreitung gewinnt die Beratung über das Internet, insbesondere im psychologischen, sozialen und gesundheitlichen Bereich, zunehmend an Bedeutung. Immer mehr Beratungseinrichtungen, Träger und Verbände sehen sich gefordert, die vielfältigen Möglichkeiten der Online-Kommunikation zur Beratung, Betreuung und Nachsorge ihrer Klientel zu nutzen und als festen Bestandteil in ihre alltägliche Arbeit zu integrieren. Und immer mehr Ratsuchende holen sich Hilfe aus dem Netz per Mail- oder Chatberatung.

Was ist Online-Beratung?

Bis vor wenigen Jahren wurde die psychosoziale und psychologische Online-Beratung noch als unseriöses Randphänomen gewertet. Für viele Berater/innen und Berater war es undenkbar, Beratung über das Internet anzubieten, ohne ihre Klientinnen und Klienten zu Gesicht zu bekommen.

Dabei gibt es bereits Vorläufer der Online-Beratung, d.h. anerkannte Formen der psychosozialen Beratung, die ebenfalls nicht face-to-face, sonder schriftbasiert und/oder auch telefonisch erfolgen und eine lange Tradition haben: Hierbei handelt es sich um die Briefseelsorge, die bis heute von einer Reihe von kirchlichen Institutionen angeboten wird und die Telefonseelsorge, die seit Mitte der 90er Jahre auch Online-Beratung per Mail und Chat anbietet (vgl. Risau; Schumacher, 2005).

> **Mittlerweile hat Online-Beratung in vielen Beratungseinrichtungen Einzug gehalten und sich als eigenständige Beratungsart etabliert.**

Mittlerweile hat Online-Beratung in vielen Beratungseinrichtungen Einzug gehalten und sich als eigenständige Beratungsart etabliert. Viele Beratungsstellen haben erkannt, dass die Kommunikation über das Internet neue Möglichkeiten und vielfältige Einsatzbereiche bietet. Mit der Online-Beratung entwickeln sich neue Versorgungsstrukturen für Ratsuchende. Sie wird vorwiegend mit schriftbasierten Instrumenten realisiert, aber auch sprach- und bildgestützte Medien können zum Einsatz kommen. Die einzelnen Online-Beratungsarten (E-Mail, Einzel- oder Gruppenchat und Forenberatung) ermöglichen einen zielgruppenspezifischen und flexiblen Einsatz. Ebenso kann Online- Beratung zeit- und ortsungebunden sowie kostengünstig erfolgen.

Definition von Online-Beratung Die Schweizer Kommission Fortbildung Online-Beratung (KFOB) definiert die psychologische Online-Beratung wie folgt:

> *„Psychologische Online-Beratung ist eine aktive, helfende Begegnung resp. Beziehungzwischen einem/einer Ratsuchenden und einer/einem psycholo-*

Im Schutz der Anonymität - Online-Beratung für Betroffene sexualisierter Gewalt

gischen BeraterIn. Sie findet virtuell im Internet mittels dessen spezifischen Kommunikationsformen (EMail, Chat, Forum etc.) statt, wobei die KlientInnen Ort und Zeitpunkt der Problemformulierungen selber bestimmen. Sie hat zum Ziel, bei den Klient/innen kognitiv-emotionale Lernprozesse anzuregen, damit die Selbststeuerungs- und Handlungsfähigkeit wieder erlangt oder verbessert werden kann. Psychologische Online-BeraterInnen stützen ihre Beratung auf anerkannte psychologisch-beraterische Methoden und halten sich an medienspezifisch erweiterte berufsethische Standards (Schweigepflicht, Datenschutz, Erkennbarkeit der Beraterkompetenz u.a.)."(Kommission Fortbildung Online-Beratung (KFOB) (2003).

Online-Beratungsarten Bei der E-Mailberatung haben Ratsuchende die Möglichkeit, ihr Problem in einer Mail zu beschreiben und diese an eine Einrichtung zu senden. Diese Mail wird dann von dem/der Berater/in beantwortet. Neben einmaligen Kontakten sind auch Folgekontakte möglich, die sich über einen längeren Zeitraum erstrecken können. Die E-Mailberatung erfordert eine reflektiertere Beschreibung durch die Ratsuchenden und ist gekennzeichnet durch die zeitliche Verzögerung (asynchron). Ein großer Vorteil von E-Mail gegenüber anderen Anwendungen der asynchronen Kommunikation sind die Möglichkeiten der Editierung, Formatierung und der Archivierung von Nachrichten.

Die Chatberatung bietet die Möglichkeit einer nahezu zeitgleichen Beratung. Ratsuchende und Beratende kommunizieren fast zeitsynchron über Tastatur und Bildschirm, sie können unmittelbar aufeinander reagieren, ähnlich wie beim Telefon. Die Möglichkeit eines spontanen, direkten und emotionalen Austausches ist gegeben.

> **Die Chatberatung erweist sich insbesondere bei Jugendlichen und jungen Erwachsenen (...) als das ideale Mittel der Kontaktaufnahme und Erstberatung.**

Bei der Einzelchatberatung werden Beratungsgespräche (synchrone Kommunikation) in einem virtuellen Sprechzimmer realisiert. Diese Beratungsart eignet sich insbesondere für vertrauliche Einzelgespräche. Für die Einzelchatberatung wird zwischen Ratsuchendem und Berater/-in in der Regel vorab ein Termin vereinbart. Beide treffen sich zu diesem Zeitpunkt in einem – nur für sie reservierten Chat – und führen das Gespräch in einem Austausch von Frage und Antwort (schriftlich und zeitsynchron) durch; Folgekontakte sind möglich. Die Chatberatung erweist sich insbesondere bei Jugendlichen und jungen Erwachsenen und solchen, die unter besonders extremen seelischen Belastungen leiden, als das ideale Mittel der Kontaktaufnahme und Erstberatung.

Die Gruppenchatberatung richtet sich an eine Gruppe von Ratsuchenden, d.h. es können mehrere Personen gleichzeitig teilnehmen. Der Gruppenchat gilt als besonders niedrigschwellig, da Teilnehmende sich nicht zwingend aktiv einbringen müssen, sondern sich auf einen Beobachterstatus beschränken können. Das Angebot des Gruppenchats kann nach Zielgruppe und Beratungskontext variieren und unterschiedlich gestaltet werden. So gibt es vielfältige Möglichkeiten, den Gruppenchat anzubieten bzw. einzusetzen:

» moderiert oder unmoderiert
» für eine geschlossene oder für eine offene Gruppe
» Gruppenchat mit einer/einem Expertin/Experten

Im Rahmen einer Gruppenchatberatung wird in der Regel zu einem zuvor angekündigten Zeitpunkt ein virtueller Raum eröffnet, den mehrere Ratsuchende gleichzeitig betreten können. Die Teilnehmer/-innen haben hier die Möglichkeit, sich über ihre Probleme und Befindlichkeiten untereinander auszutauschen. Gruppenchats eignen sich insbesondere für den Bereich der Selbsthilfe. Meist wird der Gruppenchat von einer Fachkraft moderiert, die den Gruppenprozess steuert und damit strukturiert und intervenierend eingreifen kann.

Forenberatung: Verglichen werden Foren häufig mit „schwarzen Brettern": Ein User verfasst einen Beitrag, auf die andere User antworten können, die Foren sind offen und dienen eher der Diskussion und dem allgemeinen Erfahrungsaustausch unter Gleichgesinnten als der spezifischen Beratung. Alle Beiträge und Antworten können online gelesen werden. Themenbezogene Foren sind meist moderiert, so dass Ratsuchende die Möglichkeit haben, untereinander oder mit dem/der Moderator/in zu kommunizieren. Die Forenberatung erfordert in der Regel den Aufbau einer Onlinegemeinschaft und wird verstärkt im Selbsthilfebereich eingesetzt. [1]

---

[1] Bei der Online-Beratung ist das oberste Kriterium die Einhaltung aktueller Datenschutzrichtlinien. Wonach sowenig Daten wie möglich zu erheben sind und von den Möglichkeiten der Anonymisierung und Pseudonymisierung Gebrauch zu machen ist. So ist gerade die Mailberatung unter Verwendung von klassischen E-Mailprogrammen höchst kritisch zu betrachten. Der Versand einer E-Mail erfolgt unverschlüsselt und passiert auf dem Weg vom Sender zum Empfänger mehrere Stationen durch das Internet, auf denen diese Beratungsanfragen mit einfachen technischen Mitteln abgefangen werden können. Dies gilt auch für die Chatberatung, welche i.d.R. unverschlüsselt über das Internet erfolgt. Eine sichere Alternative bietet hier die SSL-Verschlüsselung, welche zwischen Absender und Empfänger einen sicher verschlüsselten Datenkanal schafft (vgl. auch SSL-Verschlüsselung beim Onlinebanking).

Im Schutz der Anonymität - Online-Beratung für Betroffene sexualisierter Gewalt

Wer nutzt die Online-Beratung? Von Online-Beratungsangeboten profitieren insbesondere Menschen, denen die Schwelle für eine face-to-face-Beratung zu hoch ist, sei es aus Angst oder Scham, wegen fehlender Mobilität oder aus zeitlichen Gründen. Viele (vor allem psychosoziale) Einrichtungen und freiberuflich Tätige können durch das Angebot von Online-Beratung ihre Erreichbarkeit für Ratsuchende verbessern und neue Zielgruppen gewinnen. Dabei wird Online-Beratung immer flexibler eingesetzt – nicht nur in der Intervention, sondern zunehmend auch in den Bereichen Prävention und Nachsorge (vgl. Deutsches Ärzteblatt 2004, Seite A-550/ B-459/C-451).

Positive Erfahrungen machen Beratungseinrichtungen bei Menschen, insbesondere Jugendlichen, die unter schweren seelischen Belastungen leiden, wie suizidaler Neigung, selbstverletzendem Verhalten, sexuellem Missbrauch oder Ess-Störungen. Augrund der Anonymität fällt es ihnen leichter, ihre Scham zu überwinden und über Probleme und Sorgen, wie Schulängste, (sexualisierte) Gewalterfahrungen oder Drogenprobleme zu schreiben.

> Dabei wird Online-Beratung immer flexibler eingesetzt – nicht nur in der Intervention, sondern zunehmend auch in den Bereich Prävention und Nachsorge

Online-Beratung gilt deshalb als niedrigschwelligste Form der Beratung, sie ist nicht an feste Zeiten und Orten gebunden, der direkte Besuch einer Beratungsstelle oder eines Therapeuten ist nicht erforderlich.

In einer Studie des Instituts für angewandte Familien-, Kindheits- und Jugendforschung (IFK) an der Universität Potsdam zur psychosozialen Online-Beratung gaben die Befragten als Hauptmotive für die Nutzung von Online-Beratung folgende Gründe an:

Verfügbarkeit: Zeitliche Flexibilität, örtliche Unabhängigkeit, Verfügbarkeit, Zugänglichkeit, Möglichkeit, schnell Beratung/Hilfe zu erhalten und

Kontrolle: Anonymität, Möglichkeit, das Gespräch zu steuern bzw. ggf. abzubrechen, Möglichkeit, sich ausschließlich schriftlich auszutauschen. (Hinsch; Schneider 2002, S.11) 75 % der Ratsuchenden fühlten sich nach der Beratung besser und immerhin ein Drittel würde aufgrund der positiven Erfahrung mit der Online-Beratung auch andere Beratungs- und Therapieangebote (bspw. vor Ort) in Anspruch nehmen.

Somit bietet die Online-Beratung insbesondere Vorteile für:
» Menschen, die höherschwellige Angebote (u.a. aus Angst, Scham) nicht wahrnehmen können bzw. wollen
» zeitlich eingeschränkte Menschen (Beruf, Familie, etc.)

» Jugendliche mit starker Affinität zum Medium Internet
» von der Mobilität und/oder aus gesundheitlichen Gründen eingeschränkte Personen
» (Menschen mit Behinderungen, Gehörlose, etc.)
» strukturell schlecht angebundene Menschen
» Personen, die ein gelegentliches Coaching suchen
» Menschen, die lieber schreiben als reden

Nach Hintenberger ist Online-Beratung keine Alternative zu traditioneller Beratung und Therapie, sondern eine Beratungsform mit eigenen Stärken: „Viele Klienten kann man nicht in die Praxis bewegen. Sie brauchen den Schutz dieser Anonymität, um Hilfe in Anspruch zu nehmen. [...].Die Alternative ist nicht Face-to-Face-Beratung, sondern gar keine Hilfe." (Hintenberger, 2006)

Online-Beratung für Betroffene sexualisierter Gewalt

Online-Beratung gewinnt insbesondere bei der Beratung von Opfern sexualisierter Gewalt zunehmend an Bedeutung. Im Schutz der Anonymität werden Kontaktschwellen schneller abgebaut und es fällt den Betroffenen leichter, über die Probleme per Mail oder im Chat zu ‚sprechen'. Das Bewusstsein, die Kommunikation jederzeit kontrollieren zu können, gibt Ihnen zusätzlich Sicherheit und Halt, denn sie können aus der Beratungssituation jederzeit wieder aussteigen, indem Sie den Computer einfach ausschalten (Kontrollierbarkeit von Nähe und Distanz).

Die Distanz zum/ zur Berater/in bietet ihnen in diesem Fall einen wichtigen psychischen Schutz.

Denn erlebte sexualisierte Gewalt - vor allem über einen längeren Zeitraum - stellt häufig ein extrem einschneidendes, traumatisches Erlebnis für das Opfer dar und geht häufig mit Schuld- und Schamgefühlen einher. Neben der Schwellenangst bei der Kontaktaufnahme besteht für diese Personen

Sie trauen sich eher, den anonymen Weg über das Internet zu gehen, dieser ist unverbindlicher und wesentlich niedrigschwelliger.

meist auch die Scheu, das belastende Thema überhaupt anzusprechen. Denn die Betroffenen werden von den Täter/innen meist durch Drohungen und Geheimhaltungsdruck zum Schweigen gezwungen. Die Täter/innen erklären ihr Handeln als etwas ganz Normales und reden den Betroffenen ein, dass etwas Schlimmes passieren wird, wenn diese es wagen, jemandem von dem „kleinen Geheimnis" zu erzählen. So schweigen viele Betroffene aus Angst, dass ihnen nicht geglaubt wird und aus

Im Schutz der Anonymität - Online-Beratung für Betroffene sexualisierter Gewalt

Furcht, dass der/die Täter/in die Drohungen wahr macht. Nicht selten fehlen ihnen auch die Worte.

Deshalb bietet die psycho-soziale Online-Beratung besonders für diesen Personenkreis enorme Vorzüge: Betroffene können über ihre Erlebnisse schreiben (anstatt darüber zu reden).

Entgegen der zunächst vermuteten Erwartungen belegen Praxisbereiche und Studien, dass Beratungskontakte im Internet nicht emotionslos, sondern im Gegenteil sehr intensiv sein können. Ratsuchende beschreiben häufig, dass sie über Problembereiche kommunizieren, die sie selbst am Telefon niemandem anvertrauen würden. So erleben Ratsuchende die Online-Beratung noch niedrigschwelliger als das Telefongespräch, da sie im Internet nicht einmal ihre Stimme zu erkennen geben müssen. Gerade diese Form eines niederschwelligen Angebots und die Möglichkeit der Anonymität im Internet bewirken, dass Online-Beratung intensiv und emotional stattfinden kann. Dabei entsteht die paradoxe Situation einer Nähe durch Distanz. Die Distanz bewirkt, dass insbesondere gesellschaftlich tabuisierte Themen angesprochen werden: (sexualisierte) Gewalterfahrungen, Sexualität, Suchtprobleme, Depressionen, Tod.

Dies wird u.a. durch die Kanalreduktion bewirkt, deren Theorie im Folgenden kurz skizziert wird:

Im Vergleich zur Face-to-Face-Kommunikation werden bei der textbasierten Kommunikation die meisten Sinnesmodalitäten ausgeschlossen. Die Kanalreduktion interpretiert dies als eine Verarmung der Kommunikation. Missverständnisse und Kommunikationsstörungen seien daher unvermeidbar. Bei der Kanalreduktionstheorie wird der defizitäre Charakter computervermittelter Kommunikation hervorgehoben (Döring 2003, S.149). Döring stellt allerdings fest, dass die Medienwahl abhängig von der jeweiligen kommunikativen Aufgabe ist, so dass sich für bestimmte Aufgaben ‚kanalreduzierte' Medien besser eignen als bspw. Face-to-Face-Kontakte (Döring 2003, S.135).

Nach Döring (Döring 2003, S.149 ff.) ist bekannt, dass insbesondere durch die Kanalreduktion positive Effekte in der Beratung eintreten. So sind persönliche Eigenschaften des Ratsuchenden, wie Aussehen, Kleidung, sozialer Status etc. (zunächst) irrelevant, was häufig einen formloseren Umgangston und das direkte Ansprechen auch von sehr schmerzlichen Problemen fördert, so dass sich sehr viel schneller intimere Gespräche entwickeln können. Äußere Kriterien spielen also bei der computervermittelten Kommunikation eine untergeordnete Rolle und führen zum Abbau sozialer Hemmungen und Kontrollen. Dies kann sowohl einen positiven Effekt haben, wie verstärkte Offenheit und Freundlichkeit. Ebenso kann allerdings auch der enthemmende Effekt antisoziales Verhalten verstärken, wie Feindlichkeit,

Anomie etc. Dieses antisoziale und deviante Verhalten wird auch als Flaming (aggressive Beiträge ohne Sachbezug/ Beleidigung) bezeichnet.

Ein solches pro- und antisoziales Verhalten kann durch jene Anonymität und Pseudonymität hervorgerufen werden und diesbezügliche Handlungsspielräume eröffnen.

Die Studie zur Akzeptanz und Wirkung von Online-Beratung des Instituts für angewandte Familien-, Kindheits- und Jugendforschung (IFK) an der Universität Potsdam bestätigt, dass die Reduktion von Sinnen – paradoxerweise – zu einer Steigerung des Empfindens führen und Intimität entstehen kann.

„Nicht erwartet worden war, dass gerade die vermeintlichen Einschränkungen in Form des Zwangs zur Schriftlichkeit und der indirekten Kommunikation ohne Blickkontakt von manchen gerade als sehr positiv erlebt werden." (Hinsch; Schneider 2002, S. 12)

Aufgrund der reduzierten Informationsmenge werden bei den Kommunikationspartnern kognitive Prozesse in Gang gesetzt, die stark von der eigenen Vorstellungs- und Einbildungskraft bestimmt werden. Ungeklärt ist noch, unter welchen Bedingungen in virtuellen Situationen spezifische Imaginationsprozesse in Gang kommen bzw. bewusst in gesetzt oder verhindert werden (vgl. Benke 2007). Festzuhalten ist aber, dass es durch rein schriftbasierte Kommunikation möglich ist, Gefühle abzubilden und auch Intimität herzustellen. Dieses Phänomen ist nicht neu, sondern ist uns bereits durch andere Kommunikationsformen und literarische Gattungen bekannt, wie Brieffreundschaften, Briefseelsorge, Liebesgedichte...

Zur Verdeutlichung oben genannter Ausführungen wird im folgenden ein Ausschnitt eines Telefoninterviews vorgestellt, das im Rahmen der Potsdamer Studie durchgeführt wurde:

„Frage: Können Sie das noch genauer ausführen, was das besondere ist, eine E-Mail an eine Beratungsstelle zu schreiben?

Antwort: Für mich war das Besondere, dass eine gewisse Anonymität da war, teilweise ein gewisses Sicherheitsgefühl, es ist anders als wenn man jetzt jemandem direkt gegenübersitzt. Ich habe mich auch total verstanden gefühlt, da hat sich auch ein Vertrauensverhältnis aufgebaut.

Nein, der [schriftliche Kontakt - R.H] schränkt mich gar nicht ein. Mich schränkt es eher ein, wenn ich darüber reden soll." (Hinsch; Schneider 2002, S.12)

Im Schutz der Anonymität - Online-Beratung für Betroffene sexualisierter Gewalt

Die Studie ergab darüber hinaus, dass die Bereitschaft und Motivation, eine reguläre Beratungsstelle vor Ort aufzusuchen, sich deutlich durch die Online-Beratung erhöht. Online-Beratung kann folglich ein Wegbereiter für den persönlichen Kontakt sein. Die Möglichkeit, spontan und schnell Hilfe zu bekommen, bestärkt die Betroffenen, sich auch oder insbesondere in einer akuten Krisensituation an Beratende zu wenden. Somit erhöht sich die Chance einer frühzeitigen Intervention.

„Es ist ein zusätzliches Angebot, das keines der traditionellen Beratungs- und Therapieangebote verdrängen wird. Insofern sind die Ängste und Vorbehalte vieler Praktiker gegenüber dem Internet sicherlich unbegründet. Es scheint im Gegenteil so zu sein, dass durch Online-Beratung die Bereitschaft steigt, sich ‚normale' professionelle Hilfe zu suchen." (Hinsch; Schneider 2002, S.26)

Vorteile und Chancen der Online-Beratung von Opfern sexualisierter Gewalt

Viele Betroffene berichten im Rahmen der Online-Beratung zum ersten Mal über ihre sexualisierten Gewalterfahrungen. Im Gegensatz zur Beratungsarbeit vor Ort, wo der Missbrauch häufig in der Kindheit stattfand und schon einige Jahre zurück liegt, befinden sich die Betroffenen während der Online-Beratung vielfach noch in der akuten Missbrauchssituation. Durch die Anonymität und niedrigschwelligen Kontaktaufnahme fällt es den Betroffenen leichter, sich erstmalig zu öffnen. Sie können als Person nur das ‚sichtbar' werden lassen, was sie selbst wollen. Ein Großteil der Anfragen sind demzufolge auch Hilferufe von Betroffenen, die sich noch in einer akuten Krisensituation befinden. Ihre Anfragen sind meist von großer Bedrängnis und Angst geprägt.

Dazu drei Beispiele aus der Mailberatung:

1] „Hallo, falls einer da ist mit dem ich quatschen kann, melde dich bitte. Ich bin auch von meinem Vater sexuell missbraucht worden!!!!! Mir geht es eigentlich richtig scheiße, [....]. Warum geht dieses Scheißgefühl nie weg????????????"

2] „... ich weiß nicht genau ob ich zu einer Beratungsstelle gehen würde. Per e-mail ist es viel leichter, weil du einer Person nicht gegenüber stehst. Musst ihr nicht in die Augen sehn, sondern schreibst es einfach. Ich möchte auf jeden Fall nicht das meine Eltern davon erfahren. Ich habe nämlich Angst, dass sie mir nicht glauben könnten oder mich einfach nicht verstehen.

3] "[...] Bitte hilf mir, ich bin wirklich verzweifelt und völlig am Ende. Ich kann mit niemandem darüber reden, weil ich keine Freunde habe, und ich schäme mich auch viel zu sehr dafür. Vielleicht hätte es ja alles geändert, wenn ich bei der Prügel schon meinen Mund aufgemacht hätte. Damals dachte ich noch, dass es gar nicht schlimmer kommen kann, aber ich wurde leider vom Gegenteil überzeugt. Bitte gebt mir neuen Lebensmut, ich weiß nämlich nicht wie lange ich noch durchhalte. (Vgl. Kerger 2003)

Für viele Betroffene bedeutet allein das Niederschreiben des Problems eine große Entlastung und das Versenden der E-Mail hat häufig eine Ventilfunktion. Meist sind Betroffenen alleine, wenn Sie schreiben.

„Menschen äußern sich oft freier über ihre Gefühle, wenn sie alleine sind. Sie können erst einmal für sich überlegen, nachdenken, sortieren, reflektieren, Druck loswerden und aufschreiben. Für manche Mailerinnen und Mailer ist die E-Mail-Beratung eine Art „Virtuelles Tagebuch", welches antwortet. [...], können Sie doch selbstbestimmt und kontrolliert ihr Emotionen dosieren und Peinlichkeiten vermeiden. Sie fühlen sich stärker geschützt." (Knatz 2003, S. 13f.)

Beratungsstellen berichten, dass viele E-Mails abends, nachts oder am Wochenende gesendet werden. Dann, wenn keine Beratungsstelle geöffnet hat... Ratsuchende müssen keine Wartezeiten o.ä. einhalten, denn eine E-Mail kann 24 Std. am Tag, rund um die Uhr geschrieben werden.

Der Mailkontakt kann einmalig erfolgen (Frage/Antwort), nicht selten entsteht aber ein Beratungsprozess, das heißt, es gibt Folgekontakte, die über Monate andauern können. Ähnlich wie im face-to-face-Kontakt, ist es Ziel der Online-Beratung, die Ratsuchenden zu stärken und mit Ihnen Handlungsmöglichkeiten zu erarbeiten.

Da die Anfragen oft bundesweit erfolgen, kann der Kontakt zu einer Vor-Ort-Beratungseinrichtung lediglich angeregt, aber nicht kontrolliert werden. Letztlich ist bzw. sollte die „Vermittlung" an eine örtliche Beratungsstelle und/oder Therapeut/in auch nicht immer das vorrangige Ziel sein. Die Mehrzahl der Betroffenen hat ja bewusst den Online-Weg gewählt und wünscht sich den schriftlichen Kontakt.

Beispiel aus der Chatberatung Eine besondere Form der Online-Beratung stellt die Chatberatung dar. Die Probleme werden sehr schnell und meist direkt angesprochen. Zur Verdeutlichung folgendes Beispiel:

Berater:	wie kann ich dir helfen?
Sony:	ich weiß gar nicht wo ich anfangen soll
Berater:	fang doch einfach irgendwo an
Sony:	ich verletzte mich seit 4 Jahren
Berater:	wie verletzt du dich?
Sony:	ich ritze, kratze oder brenne mich, reiße mir manchmal die

Im Schutz der Anonymität - Online-Beratung für Betroffene sexualisierter Gewalt

	Haare raus oder schlage gegen die Wand
Berater:	bekommst du schon irgendwo Hilfe, d.h. gehst du irgendwo, zur Therapie oder Beratung?
Sony:	nein keiner weiß bisher etwas davon und ich möchte es auch niemandem erzählen, das ist mir sehr peinlich alles, so wenn mich keiner sieht, kann ich das so sagen..." [2]

Betrachtet man den Beratungsanlass des/der Ratsuchende/n, so fällt auf, dass es sich hier um selbstverletzendes Verhalten handelt. Selbstverletzendes Verhalten wird in unserer Gesellschaft immer noch tabuisiert und es ist vorstellbar, dass sich der/die Betroffene aufgrund von Scham oder antizipierten Konsequenzen (Einweisung) nicht traut, außerhalb des Netzes professionelle Hilfe in Anspruch zu nehmen. So bietet die Online-Beratung für viele weibliche und auch männliche Betroffene enorme Chancen, sich zu öffnen und angst- und schambesetzte Themen ‚anzusprechen'. Sie trauen sich eher, den anonymen Weg über das Internet zu gehen, dieser ist unverbindlicher und wesentlich niedrigschwelliger. Die Möglichkeit, spontan und schnell Hilfe zu bekommen, bestärkt die Betroffenen, sich auch oder insbesondere in einer akuten Krisensituation an Beratende zu wenden. Somit erhöht sich die Chance einer frühzeitigen Intervention. (vgl. Risau 2007, S.170 f.)

Ähnlich wie im face-to-face-Kontakt, ist es Ziel der Online-Beratung, die Ratsuchenden zu stärken und mit Ihnen Handlungsmöglichkeiten zu erarbeiten.

Zusammenfassend seien hier noch einmal einige Vorzüge der Online-Beratung für Betroffene sexualisierter Gewalt genannt:

» Anonymität und Privatheit
» Niedrigschwelligkeit
» Zeit- und Ortsunabhängigkeit
» Kontrollierbarkeit von Nähe und Distanz
» "keinen Blickkontakt haben müssen"
» Möglichkeit zum Informationsaustausch
» Gemeinschaft mit anderen Betroffenen (bspw. in moderierten Gruppenchats)

---

2   Sämtliche Nicknamen, Namen und Altersangaben wurden anonymisiert (vgl. Hinsch, Schneider 2002)

Petra Risau

Grenzen Neben Vorteilen weist die ausschließliche Beratung über das Internet selbstverständlich auch Grenzen auf. Verzögerte Antworten bei der Mailberatung, ein plötzlicher Chatabbruch können zu Irritationen führen, da die Berater/innen zunächst nicht wissen, ob sich dahinter ein beabsichtigter Kontaktabbruch verbirgt oder es sich schlicht um ein technisches Problem handelt. Ebenso sind Ferndiagnosen bei schweren körperlichen oder psychischen Erkrankungen nicht möglich. Rein schriftbasierte Kommunikation kann mangels eines direkten Feedbacks (z.b. bei der Mailberatung) zu Missverständnissen führen. Dies erfordert Rückfragen seitens der Berater/innen, welche den Zeitaufwand der Kommunikation erhöhen.

So bleibt festzuhalten, dass Online-Beratung nie eine Psycho-Therapie ersetzen kann, aber als eigenständige, ergänzende Beratungsart vielfältige Chancen und Möglichkeiten der Prävention und Intervention, insbesondere für Betroffene sexualisierter Gewalt bietet.

Literatur

Arbeitsgemeinschaft Onlineforschung e.V. (AGOF e.V.) (2007): Aktuelle Studie, Berichtsband Teil 1 zu internet-facts 2007-I.

URL: http://www.agof.de/if-2007-ii-teil-1-online.download.65b910589fb366cb5a3a8c6b35cc910c.pdf [11.02.2008]

Döring, Nicola (2003): Sozialpsychologie des Internet. Die Bedeutung des Internet für Kommunikationsprozesse, Identitäten, soziale Beziehungen und Gruppen. 2.Aufl., Göttingen, Hogrefe.

Benke, Karlheinz (2007): Online-Beratung und das Ich. Bild, Bilder und Abbilder im virtuellen Raum. Duisburg, Wiku-Verlag für Wissenschaft und Kultur.

Hinsch, Rüdiger/ Schneider, Carola (2002): Psychologische und sozialpädagogische Beratung nach dem KJHG im Internet. Evaluationsstudie zum Modellprojekt von Beratung & Lebenshilfe e.V. Berlin, erschienen in der Reihe Arbeitsberichte des Instituts für angewandte Familien-, Kindheits- und Jugendforschung (IFK) an der Universität Potsdam.

Hintenberger, Gerhard (2006): Rat holen im Schutz der Anonymität. Artikel im österreichischen Fachmagazin „der Standard". http://derstandard.at

Knatz, Birgit; Dodier, Bernard (2003): Hilfe aus dem Netz. Theorie und Praxis der Beratung per E-Mail. Stuttgart, Pfeiffer bei Klett-Cotta.

Kerger, Carmen (2003): Sexuelle Gewalt – Online-Beratung als niedrigschwelliges Hilfsangebot. In: „Prävention&Prophylaxe", Fachzeitschrift der Bundesarbeitsgemeinschaft „Prävention&Prophylaxe e.V.", 5.Jahrgang Nr.2, Juni 2003, S.9-12

Risau, Petra / Schmacher, Martin (2005): Online-Beratung im Netz. Hilfe oder Scharlatanerie. In: Kai Lehmann, Michael Schetsche (Hrsg.) (2005): Die Google-Gesellschaft. Vom digitalen Wandel des Wissens. Bielefeld: Transcript Verlag, S.243-252.

Risau, Petra (2007): Sexualisierte Gewalt: Onlineberatung als niedrigschwelliges Hilfsangebot. In: Wildwasser Arbeitsgemeinschaft gegen sexuellen Missbrauch an Mädchen (Hrsgin) (2007): Sexuelle Gewalt – aktuelle Beiträge aus Theorie und Praxis. Wildwasser Eigenverlag, S.164-175.

Wangemann, Thomas; Golkaramnay, Valiollah (2004): Psychotherapie und Internet: Chat-Gruppe als Brücke in den Alltag. In: Deutsches Ärzteblatt 101, Ausgabe 9 vom 27.02.2004, Seite A-550 / B-459 / C-451

Kinder- und Jugendliteratur im Kontext der Präventionsarbeit gegen sexuelle Gewalt

Marlene Kruck-Homann

Das Thema „sexuelle Gewalt" in Büchern für Kinder und Jugendliche
Neben Filmen, Theaterstücken, Spielen und Unterrichtsmaterialien zur Missbrauchsthematik ist mittlerweile auch eine große Anzahl von Kinder- und Jugendbücher erschienen, die sexuelle Gewalt aufgreifen. Mitte der 80er Jahre wurde der sexuelle Missbrauch zu einem Thema in der deutschen Jugendliteratur und etwa fünf Jahre später auch in der Kinderliteratur. Ein deutlicher Anstieg der Bücher zu dieser Thematik ist nochmals Mitte der 90er Jahre zu verzeichnen. Im Jugendbuchbereich liegen derzeit um die 90 Titel und im Kinderbuchbereich um die 25 Titel vor, die sexuellen Missbrauch thematisieren. In Bilder- und Kinderbüchern wird sexuelle Gewalt dabei häufig eher symbolisch angesprochen. In der Literatur für ältere Kinder und Jugendliche finden sich meist konkretere Darstellungen, wobei nicht selten authentische bzw. autobiographische Gewalterlebnisse den Inhalt beeinflussen.[1]

Inzest und sexuelle Gewalt sind indes in der Literatur keine neuen Themen, sondern tauchen als literarische Motive in einer Reihe von Werken auf.[2] Sowohl in bildlich-anschaulicher wie auch in symbolischer Form finden sich Erzählungen über sexuelle Gewalt bereits in der griechischen Mythologie.[3] Auch die Bibel zeigt sexuelle Gewalttaten auf, so z. B. die Vergewaltigung der Dina (Gen 34) oder die Vergewaltigung der Tamar (2. Sam 13, 1-22). In der späteren Literatur wird das Thema als Auseinandersetzung mit dem Unerlaubten, aber auch als Reiz, der von diesem ausgeht, behandelt und unter der Frage der Moral betrachtet. Das Inzestmotiv erweist sich zudem als „ausgesprochen bühnenwirksam und wird im Zeitalter Shakespeares und im englischen Restaurationsdrama nahezu zur Modeerscheinung."[4] Kiper, die sich ausführlich mit der Missbrauchsthematik in der Literatur beschäftigt hat, zeigt auf, dass sexuelle Gewalt durchaus als literarisches Thema präsent war, dabei aber „die Erfahrungen von ihr Betroffener nicht angesprochen [wurden]."[5] Erst durch die öffentliche Thematisierung der sexuellen Gewalt, die von der Frauenbewegung ausgelöst wurde, die in Deutschland mit Beginn der Studentenunruhen in der Mitte

---
1 Vgl. zu den folgenden Ausführungen: Kruck, 2006, Band I, S. 1-4.
2 Siehe hierzu z. B. Kiper (1994): Sexueller Mißbrauch im Diskurs. Eine Reflexion literarischer und pädagogischer Traditionen.
3 Vgl. Kiper in: Bange/Körner, 2002, S. 321.
4 Daemmrich/Daemmrich, 1995, S. 204.
5 Kiper in: Bange/Körner, 2002, S. 322.

der 60er Jahre einsetzte, kommen in der Literatur auch Opfer zu Wort, häufig in Form von Autobiographien.

Speziell auf Kinder ausgerichtete Literatur zum Schutz vor sexuellen Übergriffen entstand schon im Rahmen der frühen Präventionsbemühungen. In der aus heutiger Sicht „traditionellen" Prävention wurden die gängigen Warnungen vor dem fremden Mann nicht nur mündlich, sondern auch in schriftlicher Form an die Kinder weitergegeben. Mit Faltblättern, Aufklärungsbroschüren und Texten in Schul- und Ratgeberbüchern versuchte man, die Kinder mit Warnungen und Verhaltensregeln vor sexuellem Missbrauch zu schützen. In den 50er und 60er Jahren wurde mit Bildergeschichten, Tonbandreihen und Handpuppenspielen vor dem „fremden Mann" gewarnt.[6] In diesen Medien spiegelten sich die zur damaligen Zeit aktuellen Präventionsvorstellungen wider: Mit erhobenem Zeigefinger wurden Kinder – insbesondere Mädchen – vor Gefahren durch Fremde gewarnt und aufgefordert sich an explizite Verhaltensregeln zu halten *(„Nimm keine Süßigkeiten von Fremden!" und „Bleib in der Nähe des Hauses!")*. Obwohl für Kinder konzipiert, enthielten diese „Präventionsheftchen" häufig dramatische Schilderungen schwerer Missbrauchsfälle (zum Teil sogar mit Todesfolge), wohingegen sie in ihrem konkreten Informationsgehalt sehr dürftig blieben. Insgesamt verbreiteten diese Broschüren eine Mischung aus Angsterzeugung, Ermahnung und Einschränkung der kindlichen Freiheiten.[7]

Eine Veränderung der Ansätze in der Präventionsarbeit, in deren Folge auch der eigentliche Einzug des Themas „sexueller Missbrauch" in die Kinder- und Jugendliteratur begann, wurde ab Mitte der 80er Jahre durch den Beginn der öffentlichen Diskussion über den sexuellen Missbrauch und mit dem Bekanntwerden neuerer Fakten über das Beziehungsgefüge zwischen Opfer und TäterInnen eingeleitet. Durch Neu- und Weiterentwicklungen der Präventionskonzepte *(Nicht ängstigen, sondern stärken!)* war auch der Weg frei für eine neue Konzeption des Themas „sexuelle Gewalt" in der Literatur für Kinder.

Entscheidend für den Einzug des Themas in Kinder- und Jugendbücher war nicht zuletzt die Etablierung von Konflikt- und Krisenerlebnissen in der realistischen und problemorientierten Kinder- und Jugendliteratur. „Das problemorientierte Kinderbuch will ganz bewußt Wirklichkeitserfahrungen

---

6 Vgl. Kerscher in: Fischer/Ruhloff/Scarbath/Schulze/Thiersch, 1973, S. 178ff.
7 Die von der Polizei Mitte der 70er Jahre herausgegebene Broschüre *„Hab keine Angst!"* (Innenministerium des Landes Baden-Württemberg, o. J.) bietet ein Musterbeispiel für die traditionelle Prävention. Durch Inhalt und Aufmachung leistet sie genau das Gegenteil von dem, was ihr Titel verspricht – sie macht Angst!

Kinder- und Jugendliteratur im Kontext der Präventionsarbeit gegen sexuelle Gewalt

vermitteln, bezieht sich dabei aber auf Situationen und Verhältnisse, die Komplikationen enthalten, und auf zwischenmenschliche Beziehungen, die nicht ohne Schwierigkeiten und Störungen ablaufen. Es zeigt eine Kinderwelt, die nicht in Ordnung ist, und Probleme, mit denen sich Kinder in ihrer jeweiligen aktuellen Umwelt herumschlagen."[8]

Neben Themen wie Scheidung, Tod, Drogenkonsum, Umweltzerstörung und vielen weiteren „Problemthemen" wurde auch Gewalt zum Gegenstand der Literatur für junge LeserInnen. Waren dies zu Beginn der problemorientierten Literatur für Kinder vor allem Bücher, die körperliche Gewalt thematisierten, überwog Anfang bis Mitte der 90er Jahre die Problematik der sexuellen Gewalt. Derzeit stehen bei der Gewaltthematik Bücher im Vordergrund, die Gewalt zwischen Kindern/Jugendlichen aufgreifen oder die rechtsradikale Gewalt ansprechen. Neuerscheinungen zum Thema „sexueller Missbrauch" sind dennoch weiter zu verzeichnen. Durch die Hinwendung zur Psyche der Protagonisten im psychologischen Kinder- und Jugendroman rücken verstärkt auch die Gefühle und Gedanken des Opfers (bisweilen sogar des Täters) in den Vordergrund.

Im Zusammenhang mit den neueren Präventionsideen entstanden gegen Ende der 80er Jahre Bücher, die Kinder stärken sollten, sie mit ihrem Körper vertraut machen wollten und ihnen das Recht zur Abwehr unangenehmer Berührungen zusicherten. Die Bücher zeigten auf, wie und wo Hilfe geholt werden kann und machten Mut, diese in Anspruch zu nehmen. Es entstand – vor allem im Bilder- und Kinderbuchbereich – Literatur, die eigens für die Präventionsarbeit konzipiert wurde. Da geht es um ungewollte Küsse, um schöne und unangenehme Berührungen, um Ängste, um Stärken und um klare Grenzsetzungen.

> **Im Zusammenhang mit den neueren Präventionsideen entstanden gegen Ende der 80er Jahre Bücher, die Kinder stärken sollten, (...)**

Als Konsequenz aus dieser Literatur zur Selbststärkung wurden nachfolgend eigens für Kinder im Grundschul- und sogar Kindergartenalter Bücher entwickelt, die sich direkt mit der Missbrauchsproblematik auseinandersetzen. Kinderbücher, die sich explizit mit dem Thema des sexuellen Missbrauchs beschäftigen, sind in Deutschland bis auf zwei Ausnahmen erst mit Beginn der 90er Jahre erschienen.[9] In den Jugendbuchbereich hielt das Thema, zum Teil über autobiographische Bücher,

---

8   Maier, 1987, S. 161.
9   Eine Ausnahme bilden zwei 1985 erschienene Kinderbücher: Das Buch „Geh nie mit einem Fremden mit" Kirchberg/Haberlander (1985) ist ein Kinderbuch, das noch sehr der traditionellen Prävention verhaftet ist. Bei dem Kinderbuch „Heimlich ist mit unheimlich" von Wachter/Stregl (1985) (später Wachter/Grācmann) handelt es sich um eine Übersetzung aus dem Amerikanischen, in der bereits neuere Präventionsideen verfolgt werden.

schon einige Jahre früher Einzug. Auch im Rahmen der emanzipatorischen Mädchenliteratur griffen einige Autorinnen schon in den 80er Jahren die Thematik der sexuellen Gewalt auf. Dennoch ist hier ebenfalls seit den 90er Jahren ein zusätzlicher Aufwärtstrend zu verzeichnen. Im Bereich der Jugendliteratur liegen zudem erheblich mehr Übersetzungen vor. Insgesamt ist das Angebot bei den Jugendbüchern wesentlich umfangreicher als bei den Büchern für Kinder jüngeren Alters.

Chancen von Kinder- und Jugendbüchern zur Thematik des sexuellen Missbrauchs[10]

Im Zusammenhang mit der Missbrauchsthematik kommt der Literatur in vielerlei Hinsicht eine bedeutende Funktion zu. So wurde die Mauer des Schweigens, die den sexuellen Missbrauch bis in die 70er Jahre umgeben hat, in Deutschland auch mit Hilfe von Literatur aufgebrochen. Die Schweizer Psychoanalytikerin Miller löste mit ihren Bücher und vor allem durch einen Artikel, der Anfang der 80er Jahre in der Frauenzeitschrift „Brigitte" erschienen ist, ein enormes Echo aus. Viele Leserinnen erkannten dort die eigene Problematik wieder, schrieben als Reaktion ihre jahrelang verdrängten oder verschwiegenen Erlebnisse auf und trugen so entscheidend zur öffentlichen Diskussion des Themas bei. Die Literatur hat hier einerseits kommunikative Prozesse angeregt und in der Folge zu Neuinterpretationen und Umdeutungen von Erlebnissen und Ereignissen geführt. Darüber hinaus weist die unerwartete heftige und umfangreiche Resonanz darauf hin, dass sowohl das Lesen als auch das Aufschreiben der eigenen Erlebnisse für die betroffenen Frauen noch wesentlich tiefergehende Bedeutungen hat. Insbesondere bei der Rezeption literarischer Texte wird die therapeutische Wirkung des Lesens und Schreibens erkennbar. Diese ist bereits seit langem bekannt und wird zunehmend auch in der Therapie genutzt, so z. B. in der Bibliotherapie oder der Poesietherapie. Die Heilkraft, die dem Lesen und Schreiben gerade in Krisensituationen innewohnt, wird von Koch und Keßler in einer breit angelegten Umfrage und Untersuchung aus dem Jahr 1996 sowie in folgenden Erhebungen aufgezeigt und bestätigt.[11] Ein in der Krise besonders hilfreicher Aspekt von Literatur ist, dass diese zu einer Auseinandersetzung mit der eigenen inneren Befindlichkeit anregt. „*Lesen läßt Gefühle zu, kann mitunter dazu verhelfen, Gefühle überhaupt wiederzuentdecken.*"[12] Durch die Literatur ist es möglich, sich der eigenen Situation und somit den eigenen

---

10 Vgl. zu den folgenden Ausführungen: Kruck, 2006, Band I, S. 57-62.
11 Vgl. u. a. Koch/Keßler (1998) und Koch/Keßler (2002).
12 Koch/Keßler, 1998, S. 63.

Kinder- und Jugendliteratur im Kontext der Präventionsarbeit gegen sexuelle Gewalt

Emotionen schrittweise anzunähern und zunächst eine stellvertretende Auseinandersetzung über die Identifikation mit einer fiktionalen literarischen Figur zu wählen.[13] Diese Übertragung bietet den LeserInnen Entlastung und erleichtert die Möglichkeit, sich aus einer emotional zu bedrängenden Situation zurückzuziehen. Die LeserInnen verwenden die Literatur, um sich auf eine Beschreibung einzulassen „*bis hin zu einem belastendem Leseerlebnis, sie können jedoch bei dem Gedanken an die Fiktionalität den Grad der Zumutbarkeit selbst steuern.*"[14] Literatur bietet somit gerade auch in traumatischen und krisenhaften Situationen Hilfe bei der Identitätssuche.[15] Darüber hinaus trägt sie zur Auf- und Verarbeitung von biografischen Belastungserfahrungen bei. Der in der Psychoanalyse praktizierte Dreierschritt des Erinnerns, Wiederholens und Durcharbeitens ist in der Beschäftigung mit Literatur wiederzufinden.[16] Eine wesentliche Bedeutung für zum Schweigen verpflichtete Missbrauchsopfer hat Literatur des Weiteren dadurch, dass sie Ausdrucksformen, sprachliche Auseinandersetzungen und Sprachbilder für das Erlebte aufzeigt. Dies ist nicht nur für eine individuelle Auseinandersetzung mit persönlichen traumatischen Erfahrungen von Nutzen, sondern kann auch als Grundlage für einen Austausch und eine Kommunikation betrachtet werden.[17]

> Eine wesentliche Bedeutung für zum Schweigen verpflichtete Missbrauchsopfer hat Literatur des Weiteren dadurch, dass sie Ausdrucksformen, (...) für das Erlebte aufzeigt.

Neben diesen Wirkungsweisen von Literatur zur Thematik des sexuellen Missbrauchs, die überwiegend die Perspektive (betroffener) jugendlicher und erwachsener LeserInnen beleuchten, bietet die thematische Kinder- und Jugendliteratur im Rahmen der Präventionsarbeit gesonderte Möglichkeiten.

So wird den sprachlichen Ausdrucksmöglichkeiten von Mädchen und Jungen im Rahmen der Präventionsarbeit gegen sexuelle Gewalt eine große Aufmerksamkeit zuteil. In vielfältigen Übungen zur Differenzierung sollen Kinder und Jugendliche nicht nur lernen Empfindungen, Berührungen, Geheimnisse und Interaktionen differenziert wahrzunehmen, sondern auch die wahrgenommenen Differenzierungen genau zu artikulieren und zu benennen. Eine Sprache für Emotionen zu finden bzw. Worte für Gefühlslagen und somit Ausdrucksformen für eigene Wahrnehmungen zu entwickeln, gelingt nur durch Lernprozesse, in denen der Wortschatz immer weiter differenziert wird. Hierfür dient die Sprache als Mittel zum Austausch und zur Interpretation. Bislang gibt es kaum empirische Untersuchungen zum Emoti-

---

13 Vgl. ebd.
14 Koch/Keßler, 2002, S. 124f.
15 Vgl. ebd., S. 9.
16 Vgl. ebd., S. 126 in Anlehnung an Lutz van Werder, 1996.
17 Vgl. Kiper in: Bange/Körner, 2002, S. 324.

onsvokabular bei Kindern. Ob Kinder über Gefühle reden, wie differenziert sie dies tun und welche geschlechtsspezifischen Unterschiede zu bemerken sind, ist noch weitgehend unklar. Allerdings machen die vorliegenden Untersuchungen deutlich, dass gerade im Grundschulalter wesentliche sprachliche Veränderungen des Emotionsvokabulars bei Kindern zu beobachten sind. Hierzu gehört z.B., dass eine Zunahme der Differenzierung für positive und negative Emotionen im Sprachgebrauch der Kinder festgestellt werden kann. Im Laufe der Entwicklung im Grundschulalter werden zudem die kindliche Urteilsfähigkeit und die Ursachenanalyse der Emotionen spezifischer, komplexer und differenzierter.[18] Zur Unterstützung der Entwicklung eines zunehmend differenzierten Emotionsvokabulars brauchen Kinder vielfältige und vielgestaltige Sprachbeispiele und ausreichende Möglichkeiten, um sich in einer Gefühlssprache zu üben. Die Alltagssprache mit ihrem oft sehr wenig ausdifferenzierten Sprachmodus („schön" und „blöd") bietet da ein eher ungenügendes Lernfeld. Eine Aufgabe der schulischen Präventionsarbeit ist es deshalb, dass dem Sprechen über Gefühle, dem Verschriftlichen von Emotionen und dem Lesen und Hören einer Sprache, die auch im Gefühlsbereich genau ist, ein besonderer Raum gegeben wird. Hierzu können Kinder- und Jugendbücher einen wesentlichen Beitrag leisten.

> Ein Buch zur Thematik des sexuellen Missbrauchs ermöglicht eine Erziehung zum tabufreien Sprechen über unangenehme Berührungen, über Sexualität und Körperlichkeit, (...)

So können Bücher durch eine beispielhafte differenzierte Wortwahl und durch prägnante und eingängige Formulierungen zunächst den passiven, in Gesprächen auch den aktiven *Wortschatz der Kinder erweitern* helfen. Bücher können Kindern durch konkrete Dialoge Ausdrucksmöglichkeiten vorstellen und Kindern so Worte für zunächst scheinbar unaussprechliche Ereignisse zur Verfügung stellen.

Ein Buch zur Thematik des sexuellen Missbrauchs ermöglicht eine *Erziehung zum tabufreien Sprechen* über unangenehme Berührungen, über Sexualität und Körperlichkeit, über Gewalterfahrungen und die damit verbundenen Gefühlen. Die Bilder und Texte geben hierzu einen Gesprächsanlass und regen zur Kommunikation und Diskussion an. Wie zu Beginn dargestellt, entlastet das Sprechen über eine fiktionale Handlung auch im Hinblick auf die eigene Situation. Möglicherweise geht aber das Gespräch auch über die Handlung des Buches hinaus und führt zu einer Auseinandersetzung mit persönlichen Erfahrungen und Erlebnissen.

Neben der Sprachdifferenzierung und -förderung, die durch die Lektüre und Bearbeitung von Büchern unterstützt wird, sind weitere inhaltlich Hoffnungen an

---

[18] Vgl. Hascher, 1994, S. 34ff.

Kinder- und Jugendliteratur im Kontext der Präventionsarbeit gegen sexuelle Gewalt

den Literatureinsatz geknüpft. So verbinden sich insbesondere mit der Arbeit mit Kinderbüchern die Ziele:
» Aufklären,
» schützen,
» zum Reden und Hilfeholen ermutigen.

In sensibel konzipierten Büchern erfahren Kinder in kindgerechter Form, dass es Erwachsene gibt, die Kinder unangenehm berühren (möchten) oder andere verwirrende Dinge von ihnen fordern. Finden sich in den Büchern tabufreie und dennoch kindgerechte Darstellungsweisen, so erfahren Mädchen und Jungen welche Situationen eintreten können. Wo traditionelle Prävention nur warnte, setzt die derzeitige Prävention auf Aufklärung. Aufgeklärte Kinder, die wissen, was geschehen kann, haben eine bessere Chance, die Strategien der Täter zu durchschauen und sich Hilfe zu holen. Dieser Erkenntnis sollten die Bücher durch eine informative textliche und/oder bildliche Beschreibung folgen.

Sensibel dargestellte handelnde Figuren, insbesondere die Hauptfiguren der Bücher, führen häufig zu einer *Identifikation* der Leserinnen und Leser mit diesen. In den Gesprächen dient die Literatur nicht selten als Auslöser für ähnliche persönliche Empfindungen. Kinder erzählen, dass sie sich auch schon so gefühlt haben oder ein entsprechendes Erlebnisse hatten. Indem sich das lesende Kind mit dem Kind im Buch identifiziert und dessen Probleme, aber auch dessen Problemlösung und „Befreiung" mit durchlebt, kann es sich gedanklich auch ein Stück „befreiter" fühlen.

> **Sensibel dargestellte handelnde Figuren, insbesondere die Hauptfiguren der Bücher, führen häufig zu einer Identifikation der Leserinnen und Leser mit diesen.**

In der Arbeit mit ausgewählten Büchern ist es häufig ein besonderer Wunsch, dass Kinder durch das Buch hilfreiche Verhaltensmodelle kennen lernen, diese *Modelle des Buches übernehmen* und in entsprechenden Situationen anwenden. Dies reicht von selbstbewusstem Auftreten, über sprachliche und körperliche Ausdrucksmöglichkeiten zur Abwehr unangenehmer Berührungen bis hin zu der Organisation von Hilfe. Die Signale und Informationen, die von den Büchern vorgegeben werden, sollen von den Kindern in ihr Leben integriert und in entsprechenden Situationen Anwendung finden. Auch regt die Literatur die Mädchen und Jungen an, die eigene Lage aus einem neuen Blickwinkel zu betrachten und eventuell Änderungen einer belastenden Situation anzustreben. Bei diesem Aspekt ist jedoch besonders zu beachten, dass die aufgezeigte Modell-Lösung im Buch keine Überforderung der Kinder darstellen darf bzw. hier keine für Kinder unrealistische Möglichkeit propagiert werden soll.

Bei der Jugendliteratur zur Thematik des sexuellen Missbrauchs kommen zusätzliche Aspekte zum Tragen bzw. liegen andere Gewichtungen vor. In Jugendbüchern wird häufig ein zurückliegender Missbrauch geschildert, dessen Auswirkungen das Leben der betroffenen Buchfigur bis in die aktuelle Zeit hinein belastet. Aufgrund der Altersstruktur der LeserInnen wird in der thematischen Literatur für Jugendliche seltener das Ziel verfolgt, die Mädchen und Jungen vor einer Gefährdung durch sexuellen Missbrauch zu schützen. Überwiegend haben die lesenden Jugendlichen das Alter überschritten, in dem sie besonders gefährdet sind, erstmalig zum Opfer eines sexuellen Missbrauchs zu werden. Die Literatur für Jugendliche hat demnach nicht mehr einen so starken primär-präventiven Charakter wie die Kinderliteratur, sondern richtet sich eher in sekundär- und tertiär-präventiver Absicht an die LeserInnen.

Jugendliche, die nicht von Missbrauch betroffen sind, werden durch gute Jugendbücher über die komplexe Dynamik des sexuellen Missbrauchs aufgeklärt und für Verhaltensweisen von Betroffenen sensibilisiert.

Ein Anliegen von Jugendbüchern ist es deshalb, Jugendlichen, die sich noch in einem Missbrauchsverhältnis befinden, Mut zu machen, über dieses zu sprechen und sich *Hilfe zu holen*, um dieses zu beenden. Darüber hinaus sollen auch diejenigen Mädchen und Jungen zum Reden ermutigt werden, bei denen ein zurückliegender Missbrauch stattgefunden hat und dieser noch nicht aufgearbeitet worden ist.

Durch Literatur können Jugendliche, die von sexueller Gewalt betroffen sind oder waren, ferner eine *bibliotherapeutische Entlastung* erfahren. Auch wenn es zu keiner Offenbarung der erlittenen Missbrauchserlebnisse kommt, können die Bücher zu einer Verbesserung der psychischen Situation Betroffener führen, weil diese merken, dass sie mit ihren Erfahrungen nicht allein sind und keine Verantwortung für die sexuellen Übergriffe tragen.

Jugendliche, die nicht von Missbrauch betroffen sind, werden durch gute Jugendbücher über die komplexe Dynamik des sexuellen Missbrauchs *aufgeklärt* und für Verhaltensweisen von Betroffenen *sensibilisiert*. Eine dementsprechende Stärkung von Mädchen und Jungen ist von besonderer Bedeutung, da Missbrauchsopfer häufig zunächst bei FreundInnen Hilfe suchen.

Eine bislang wenig genutzte Möglichkeit von Jugendliteratur zur sexuellen Gewalt ist es, den Aspekt der Täterprävention zu berücksichtigen. Bücher können hier dazu beitragen, indem sie Jugendlichen die Tragweite von sexuellen Übergriffen verdeutlichen. Hierzu kann eine differenzierte Darstellung der Innenwelt des Opfers beitragen und eine ausführliche Beschäftigung mit den langanhaltenden Folgen, die sexuelle Übergriffe bei einem Mädchen oder Jungen auslösen können. Des Weiteren kann ein Buch Jugendlichen die Möglichkeit bieten, eigene Gefühle und Verhaltensweisen bei der Figur des Täters bzw. der Täterin wieder zu entdecken, zu hinterfragen und zu bearbeiten. Dies ist jedoch nur möglich, wenn die TäterInnendarstellung nicht in Form einer Schwarz-Weiß-Zeichnung erfolgt, sondern facettenreich ausgestaltet ist. Sehr deutlich sollte die Literatur Jugendlichen einerseits Sanktionen für sexuelle Gewalttaten aufzeigen, andererseits aber auch Hilfsangebote vorstellen.

Im Hinblick auf die Erziehung eigener Kinder bzw. eine Berufswahl im erzieherischen Bereich können mit Hilfe von Jugendliteratur bereits bei Jugendlichen Kompetenzen für eine gewaltfreie Erziehung angelegt und eine Sensibilisierung für das Thema „sexueller Missbrauch" gefördert werden.

Die Chancen, die inhaltlich sorgfältig konzipierte, literarisch anspruchsvolle und die Zielgruppe ansprechende Kinder- und Jugendbücher zur Thematik des sexuellen Missbrauchs in sich tragen, sind demnach vielfältig. Die Übergänge zwischen einer möglichen präventiven, informierenden, diagnostischen und/oder auch therapeutischen Wirkung sind fließend.

> Die Übergänge zwischen einer möglichen präventiven, informierenden, diagnostischen und/oder auch therapeutischen Wirkung sind fließend.

Kinder- und Jugendliteratur zur Thematik des sexuellen Missbrauchs kann in mehrfacher Hinsicht zum Schutz vor sexueller Gewalt und zur Hilfe bei erlittener sexueller Gewalt beitragen. Sie kann dies aber nur, und das gilt vor allem bei jüngeren Kindern, wenn der Bucheinsatz von Erwachsenen begleitet und unterstützt wird. Die Aufgabe eines „Ersatzerziehers", der herangezogen werden kann, um sich selbst dem Thema des sexuellen Missbrauchs nicht stellen zu müssen, erfüllen die Bücher indes nicht.

Risiken von Kinder- und Jugendbüchern zur Thematik des sexuellen Missbrauchs

Die Aufnahme der Missbrauchsthematik in die Literatur für Kinder und Jugendliche wird mitunter von VertreterInnen der Kinder- und Jugendliteraturforschung argwöhnisch betrachtet. Recht schnell taucht in dem Zusammenhang der Vorwurf des *„Modethemas"* auf und der Missbrauch wird zynisch als *„eines der liebsten Themen der Kinder- und Jugendliteratur der neunziger Jahre überhaupt"*[19] beschrieben. Leider wird in der hier unterschwellig mitklingenden Kritik nicht unterschieden zwischen einem (durchaus berechtigten) Ärger über oberflächliche, undifferenzierte und sowohl inhaltlich wie literarisch schwache Texte einerseits und der grundsätzlichen Beachtung des Themas der sexuellen Gewalt in Büchern für junge und heranwachsende LeserInnen andererseits. Durchaus verständlich ist, wenn

---

19 Mattenklott in: Deutschunterricht, 1999, S. 9.

> „*allzu zeitaktuelle »Modethemen« oft ein Unbehagen [erzeugen], vor allem dann, wenn es den Anschein hat, daß leidvolle Erfahrungen anderer benutzt werden, um Spannung zu erzeugen und Verkaufszahlen zu erzielen.*"[20]

Und es muss leider für nicht wenige Bücher zur Problematik des sexuellen Missbrauchs festgestellt werden, was Daubert in diesem Zusammenhang am Beispiel rechtsradikaler Themenbücher aufzeigt, nämlich dass „viele der rasch produzierten und »mit heißer Nadel« gestrickten Bücher der Differenziertheit und Komplexität der Thematik nicht gerecht werden."[21] Gerade diese Kritik an unzulänglichen und möglicherweise lediglich aufgrund der Aktualität der Thematik ins Programm genommenen Büchern macht jedoch eine Hin- und keine Abwendung zu dieser Themenliteratur erforderlich. Insbesondere Bücher, die sich an jüngere LeserInnen wenden, müssen gründlich auf Mängel und Schwachstellen untersucht werden und in der Konsequenz sollten ungenügende Werke auch als solche benannt werden. Kinder- und Jugendbücher, die sexuellen Missbrauch aufgreifen, machen aufgrund ihrer Thematik eine fundierte Auseinandersetzung mit möglichen Gefahren dringender erforderlich als z. B. auf Unterhaltung ausgerichtete Erzählungen und Texte. Bei einem so sensiblen Thema wie dem des sexuellen Missbrauchs und den damit verbundenen Gefühlen, insbesondere für betroffene Kinder, kann die Lektüre eines ungenügenden Buches negative Folgen nach sich ziehen. Neben grundsätzlichen Anforderungen, die ein modernes Kinder- oder Jugendbuch erfüllen sollte, ist bei der Literatur zur Thematik des sexuellen Missbrauchs insbesondere auf folgende Gefährdungen zu achten:

» Es darf weder durch den Text noch durch die Illustration zu einer *Angsterzeugung* kommen. Wenn ein Buch Gefahren und Bedrohungen in einem undurchschaubaren Geschehen aufzeigt, die Geschichte in einer düsteren Stimmung präsentiert und dies von schmutzig-grauen Bildern noch verstärkt wird, so ist denkbar, dass insbesondere Kinder, die mit der Lektüre allein gelassen sind, Angstgefühle entwickeln. Durch eine bedrohliche und unsensible Darstellung etwa derjenigen Ereignisse, die einer Aufdeckung nachfolgen, wie z. B. einer schmerzhaften gynäkologischen Untersuchung, einem strengen polizeilichen Verhör oder einer sehr belastenden Gerichtssituation, können auch bei Jugendlichen noch Angstgefühle entstehen. Zusätzlich besteht die Gefahr, dass LeserInnen durch undifferenzierte Texte, die keine Lösungsaspekte und Hilfsmomente aufzeigen, eine allgemeine Angst vor sexuellen Übergriffen entwickeln.

---

20 Daubert in: Raecke/Gronemeier, 1999, S. 96.
21 Ebd., S. 97.

» Ein Buch darf nicht zur Entstehung oder Verstärkung von *Schuldgefühlen* beitragen und muss eine *Überforderung* vermeiden. Wenn ein Text den LeserInnen vermittelt, es wäre ganz einfach in Missbrauchssituationen „Nein" zu sagen, und ebenso leicht, Hilfe zu holen, so kann dies die Schuldgefühle eines Opfers, das nicht „Nein" sagen konnte oder dessen „Nein" keine Beachtung gefunden hat, noch verstärken. Es muss deutlich erkennbar bleiben, dass die Schuld für die Gewalttat immer beim Täter liegt, und dass dargestellte Hilfsschritte und Verhaltensweisen zur Verhinderung einer Tat keine Verantwortungsverschiebung auf das Opfer bedeuten dürfen. Eine Überforderung kann aber auch durch altersungemäße Darstellungsweisen der sexuellen Gewalt gegeben sein.

» Vermieden werden muss auch, dass die Lektüre zur *Verunsicherung* der AdressatInnen führt. Wird in dem Buch nur sehr vage und symbolisch angedeutet, was der Täter mit dem Opfer macht, so können vor allem jüngere LeserInnen oder LeserInnen ohne eigene Missbrauchserfahrungen die Symbole nicht unbedingt entschlüsseln. Sie erfassen somit den Sinn der Geschichte nur bruchstückhaft, was zu Verwirrung und Verunsicherung führen kann. Ein unklares Ende oder fehlende Informationen über den Umgang mit dem Täter können hingegen RezipientInnen mit eigenen Missbrauchserfahrungen irritieren und im negativsten Fall deren Schweigen verstärken.

» Auf keinen Fall darf das Buch *Fehlinformationen* vermitteln. Trifft das Buch Aussagen, die nicht mit der Realität übereinstimmen, so prägen sich bei den LeserInnen möglicherweise falsche Ansichten ein. Dies gilt z. B. für Erklärungsansätze, warum es zu sexueller Gewalt kommt *(„Die Täter sind alle krank")*, für die Herkunft des Täters *(„Das sind Asoziale aus der unteren Schicht")* oder für die Möglichkeiten der Hilfe *(„Eine Therapie für das Opfer ist nur möglich, wenn es den Täter angezeigt hat")*.

Einigen dieser vorstellbaren negativen Effekte lässt sich durch eine intensive Begleitung der LeserInnen begegnen. Wenn die Mängel und mögliche Gefahrenpunkte in einem Buch erkannt sind, kann diesen z. B. im Gespräch oder im präventiven Unterricht entgegen gesteuert werden. Aus diesem Grund ist es gerade bei Kindern unerlässlich, dass sie bei der Lektüre von Büchern zur Thematik des sexuellen Missbrauchs von Erwachsenen unterstützt werden.

Kriterien zur Auswahl der Literatur für die Präventionsarbeit

Gerade auch bei der schulischen Präventionsarbeit ist eine intensive Vorbereitung und genaue Detail-Beobachtung des ausgewählten Buches zum Thema „sexuelle Gewalt" eine unabdingbare Voraussetzung für einen verantwortungsvollen Einsatz. Oft lassen sich Schwächen und Unstimmigkeiten in der Konzeption oder Gestaltung erst bei einer ausführlichen Analyse erkennen. Zur Analyse von Büchern, deren Inhalt „sexueller Missbrauch" ist, eignen sich dabei bestimmte Fragestellungen bzw. Kriterien, mit denen sowohl inhaltliche als auch formale/stilistische Ansprüche an ein solches Buch überprüft werden können. Zum Aufspüren inhaltlicher Schwachstellen eines Buches ist dabei ein fundiertes Hintergrundwissen zur Thematik des sexuellen Missbrauchs notwendig.

Grundsätzlich gilt, dass kein Bilder-, Kinder- oder Jugendbuch nur deshalb als gut und geeignet bewertet werden darf, weil es ein Tabuthema wie das des sexuellen Missbrauchs für junge oder heranwachsende LeserInnen aufgreift. Damit ein Buch als „gut" eingestuft wird, muss es wesentlichen Kriterien standhalten.

Zwei wesentliche *Fragekomplexe für die Auswahl geeigneter Literatur sind die folgenden:*

a] Entspricht die inhaltliche Darstellung den wissenschaftlichen Erkenntnissen und bildet demnach ein realistisches Bild der sexuellen Gewalt und aller damit verbundenen Aspekte ab?

b] enthält das Buch einen informierenden, aber zugleich auch präventiven Charakter, um so Kinder und Jugendliche einerseits über sexuelle Gewalt aufzuklären, andererseits aber nicht zu verängstigen, sondern im Gegenteil durch dargestellte Lösungsmöglichkeiten und Perspektiven zum Hilfe-Holen zu ermutigen?

Eine umfassende Bewertung der vorliegenden Literatur führte zu dem Ergebnis, dass viele Bücher den Ansprüche, die an Literatur für junge und jugendliche LeserInnen zu dieser Thematik zu stellen sind, nicht oder nur unzureichend genügen.[22] Zahlreiche Veröffentlichungen zur Thematik des sexuellen Missbrauchs im Kinder- und Jugendbuchbereich tragen kaum zu einer wirklichen Aufklärung, geschweige denn zum Schutz der AdressatInnen bei. Insbesondere bei den Kinderbüchern ist eine Weiterentwicklung dringend geboten. Die Notwendigkeit, jedes Buch vor der Weitergabe an Kinder oder Jugendliche kritisch auf seinen Nutzen und auf mögliche Risiken zu prüfen, wurde durch die Untersuchung deutlich bestätigt. Dass sich eine solche (zeit-) intensive Auseinandersetzung mit der Kinder- und Jugendliteratur lohnt, zeigt sich jedoch im praktischen Einsatz ganz deutlich. Hier offenbaren die (gelungenen) Kinder- und Jugendbücher zum sexuellen Missbrauch unmittelbar ihre gewinnbringende präventive Wirkung, indem sie z.B. zu Gespräche anregen und diese zugleich aufgrund der fiktionalen Ebene erleichtern, indem sie Empathie und Einfühlungsvermögen hervorrufen und fördern, indem sie Ich-Stärke propagieren, Rechte verdeutlichen, Schuldgefühlen entgegen wirken und Hilfsmöglichkeiten vor-

---

[22] Siehe die analytische Bewertung von 70 Kinder- und Jugendbüchern zur Thematik des sexuellen Missbrauchs in: Kruck, 2006, Band I.

Kinder- und Jugendliteratur im Kontext der Präventionsarbeit gegen sexuelle Gewalt

stellen. Die Ergebnisse der schulischen Arbeit mit solchen Büchern führen deutlich vor Augen, dass gute Kinder- und Jugendbücher als Beitrag zur Präventionsarbeit gebraucht werden. Bücher können Mädchen und Jungen, Kinder und Jugendliche, Betroffene und Nicht-Betroffene stärken und ermutigen. Sie können dazu beitragen, dass über sexuellen Missbrauch geredet wird und somit helfen, das Schweigen zu durchbrechen.

Auf ein empfehlenswertes Kinderbuch („Das kummervolle Kuscheltier" von Katrin Meier/Anette Bley) für die Arbeit in der Grundschule ist bereits verwiesen worden.[23] Für die Arbeit mit älteren Jugendlichen gibt es mehrere Titel, die den Kriterien standhalten. An dieser Stelle soll nun mit dem Buch *„Herzsprung"* *von Brigitte Blobel* (Arena Verlag, Originalausgabe 1990, vielfache Neuauflagen) ein Jugendbuch vorgestellt werden, das den Erwartungen in besonderem Maße entspricht und sich zudem im praktischen Einsatz im Deutschunterricht der Mittelstufe sehr bewährt hat.

Zum Inhalt: Die fast 15-jährige Nina lebt in einer nach außen hin perfekten Familie. Dennoch ist sie ständig nervös, leidet unter starkem Hautausschlag und kann keine Nähe zulassen. Ein Geheimnis, das sie niemandem verraten darf, macht ihr das Leben unerträglich: Sie wurde vom 9. bis zum 14. Lebensjahr von ihrem Stiefvater Michael sexuell missbraucht. Ihre Mutter wollte und will den Missbrauch nicht wahrnehmen, so dass Nina von ihr über all die Jahre keine Hilfe erfährt. Mit elf Jahren fand sie den Mut, ihrer Lehrerin von dem Missbrauch zu erzählen, doch diese reagierte zunächst

---

[23] Siehe den Beitrag „Entwicklung und aktuelle Ansätze der Präventionsarbeit sowie praktische Möglichkeiten des Einsatzes von Medien und Materialien zur Prävention" in diesem Band, S. 35.

ungläubig, dann mit großer Empörung und informierte Ninas Stiefvater über das Gespräch. Dieser schüchterte Nina daraufhin so sehr ein, dass sie zunächst keinen neuen Versuch wagte, ihre Situation zu verändern und das „Geheimnis" weiterhin wahrte. Doch nun, kurz vor ihrem 15. Geburtstag, verliebt sich Nina in den sensiblen Florian, genannt Flo. Durch ihn erfährt sie uneigennützige Zuneigung und Zärtlichkeit und erlangt langsam ein neues Selbstbewusstsein. Ihr Wunsch, sich aus Michaels Übermacht zu befreien, wird immer stärker und mit Flos Unterstützung schafft sie es am Ende, der Macht des Stiefvaters zu entkommen und den Missbrauch öffentlich zu machen. Sie flieht vor Michael zu der Mutter ihrer Freundin Carmen, erzählt ihr vom Missbrauch und findet Hilfe.

Bewertung einiger wesentlicher Kriterien:

„Herzsprung" ist ein einfühlsam geschriebener Jugendroman. Seine Stärke liegt neben der realistischen inhaltlichen Gestaltung darin, neben die pervertierte Form der „Liebe" eine wunderschöne und sensible Geschichte einer ersten Liebe zu stellen. Die Autorin stellt zunächst eine sehr wirklichkeitsnahe Täter-Opfer-Konstellation dar: Im Alter von acht Jahren wird das Mädchen Nina erstmalig von dem etwa 30-jährigen Michael, dem neuen Partner der Mutter, missbraucht. Sowohl Alter, Geschlecht, als auch die Beziehung zwischen Kind und Täter entsprechen hier typischen Missbrauchsfällen. Die sexuelle Gewalt, die mit einer für innerfamiliären Missbrauch nicht ungewöhnlichen Dauer von fünf bis sechs Jahren beschrieben wird, taucht im Roman in Form von Rückblicken auf. Obwohl die Autorin davon absieht, genaue Details der Missbrauchstaten wiederzugeben oder die Geschlechtsteile klar zu benennen, vermittelt ihre Darstellung sehr intensiv die Angst besetzte Stimmung und die ohnmächtige Gefühlslage des Opfers in diesen Situationen. Blobel schafft es sprachlich und stilistisch ein eindringliches Abbild der Macht- und Gewalthandlung aufzuzeigen, verwendet hierfür vielfältige auf Körperlichkeit bezogene Substantive sowie Verben der Gewalt, arbeitet mit Metaphern, Bildern und Symbolen, mit Wiederholungen, Inversionen, Anaphern, Parallelismen, Steigerungen etc. und zum Teil auch mit aufgelösten Satzstrukturen. Sehr hilfreich für den präventiven Einsatz des Buches mit Jugendlichen ist ferner, dass den Täterstrategien des Stiefvaters und den Gefühlen und Verhaltensweisen des missbrauchten Mädchens ein breiter Raum gegeben wird und diese Aspekte ausführlich und differenziert dargestellt werden. Die LeserInnen erfahren, wie geplant der Täter vorgeht, wie gezielt er sein

> **Sehr hilfreich für den präventiven Einsatz des Buches mit Jugendlichen ist ferner, dass den Täterstrategien des Stiefvaters und den Gefühlen und Verhaltensweisen des missbrauchten Mädchens ein breiter Raum gegeben wird.**

Opfer mit Drohungen, Geheimhaltungsgeboten und Schuldzuweisungen zum Schweigen bringt und wie skrupellos er seine Macht zunächst gegen das Kind und später gegen das jugendliche Mädchen anwendet. Dennoch gelingt es der Autorin eine Schwarz-Weiß-Zeichnung zu vermeiden: Der Täter ist zugleich der freundliche, attraktive und geschätzte Nachbar, der liebevolle Vater des kleinen Sohnes und der erfolgreiche Computerfachmann. Die Gefühle des Opfers Nina bestimmen einen sehr großen Teil des Romans. Aus der Perspektive des Mädchens lässt die Autorin die LeserInnen Anteil nehmen an deren immer wiederkehrenden Ängsten, den Scham- und Schuldgefühlen, dem negativen Körperempfinden und den Minderwertigkeitsgefühlen bis hin zu Suizidgedanken.

Auch in Ninas Verhalten spiegeln sich vielfältige Auffälligkeiten wieder, da ist z. B. ihre auffällige Zurückgezogenheit, ihre Nervosität und da sind ihre mehrfachen Versuche dem Missbrauch zu entkommen, die in psychischer Weise zur Dissoziation und zur Verdrängung führen. Weitere Auswirkungen der sexuellen Gewalt können RezipientInnen in dem Hautausschlag des Opfers, seiner Vorliebe für weite Kleidung, die alle Körperformen verdeckt, in Ansätzen eines Waschzwanges oder in der großen Zurückhaltung in Bezug auf körperliche Nähe zu dem Freund Flo beobachten. Differenziert arbeitet das Buch heraus, wie viele indirekte und direkte Versuche des Hilfe-Holens das Opfer unternehmen muss, bis es letztendlich Hilfe findet. Neben den inhaltlichen Stärken machen aber auch literarische Aspekte dieses Buch lesenswert. Vier unterschiedliche Handlungsstränge und ein permanent hoher Spannungsverlauf führen dazu, dass LeserInnen den Roman kaum aus der Hand legen mögen. Stilistisch geglückt ist der Perspektivwechsel, der für die im Rückblick erzählten Missbrauchserlebnisse eingesetzt wird. Während der überwiegende Teil der Geschichte aus der Ich-Perspektive des Opfers geschildert wird, wechselt hier die Erzählsituation in die personale Erzählhaltung aus der „Sie-Perspektive". Allein die Perspektivwahl bringt somit die versuchte Distanzierung des jugendlichen Mädchens von den Missbrauchserlebnissen des kleinen Kindes zum Ausdruck. Dadurch, dass das Kind Nina als eigenständige Person erscheint, kann die jugendliche Nina aus der Situation heraustreten.

Diese ausgewählten Analysepunkte zeigen, dass „Herzsprung" eine Fülle wichtiger und realistischer Informationen zum sexuellen Missbrauch bietet, dabei aber weder die Lesbarkeit des Buches auf Kosten pädagogischer Ratschläge verloren geht, noch in der Gewaltthematik gefangen bleibt. Der Jugendroman lädt ein zum Mitfühlen und Mitfiebern, er erzeugt Freude über die – trotz aller Schwierigkeiten glückliche – Liebe zwischen Nina und Flo, aber auch Entsetzen über die in erster Linie psychische Brutalität des Täters und vermittelt Mut zum Hilfe-Holen und zum Hilfe-Geben. Zusammenfassend lässt sich festhalten, dass das Buch reichhaltige und differenzierte Informationen beinhaltet, sich mit Spannung lesen lässt und ein Ein- und Mitfühlen bei verschiedenen Buchfiguren ermöglicht. Es bietet sowohl inhaltlich als auch stilistisch zahlreiche Anknüpfungspunkte für die unterrichtliche Arbeit und beeindruckt jugendliche Leserinnen und Leser(!).[24]

Literatur

Daemmrich, Horst S./Daemmrich, Ingrid G. (1995): Themen und Motive in der Literatur. Ein Handbuch. Tübingen, Basel.

Daubert, Hannelore (1999): „Es verändert sich die Wirklichkeit...". Themen und Tendenzen im realistischen Kinder- und Jugendroman der 90er Jahre. In: Raecke/Gronemeier (Hrsg.): Kinder- und Jugendliteratur in Deutschland. München. S. 89-105.

Hascher, Tina (1994): Emotionsbeschreibung und Emotionsverstehen. Zur Entwicklung des Emotionsvokabulars und des Ambivalenzverstehens im Kindesalter. Münster, New York.

Kerscher, Karl-Heinz Ignatz (1973): Der „böse Onkel" in der Sexualpädagogik. In: Fischer/Ruhloff/Scarbath/Schulze/Thiersch (Hrsg.): Inhaltsprobleme in der Sexualpädagogik. Heidelberg. S. 148-185.

Kiper, Hanna (1994): Sexueller Missbrauch im Diskurs. Eine Reflexion literarischer und pädagogischer Traditionen. Weinheim.

Kiper, Hanna (2002): Literatur. In: Bange/Körner (Hrsg.): Handwörterbuch Sexueller Missbrauch. Göttingen, Bern, Toronto, Seattle. S. 321-326.

Koch, Helmut H./Keßler, Nicola (2002): Ein Buch muß die Axt sein. Schreiben und Lesen als Selbsttherapie. Krummwisch.

---

[24] Eine ausführliche Darstellung der unterrichtlichen Arbeit mit dem Buch (Lesetagebuch mit ganzheitlichen Arbeitsaufträgen, weiterführenden Rechercheaufgaben, Besuch einer Beratungsstelle etc.) findet sich in Kruck, 2006, Band II, S.118 – 217.

Koch, Helmut H./Keßler, Nicola (Hrsg.) (1998): Schreiben und Lesen in psychischen Krisen. Band 1: Gespräche zwischen Wissenschaft und Praxis. Band 2: Authentische Texte: Briefe, Essays, Tagebücher. Bonn.

Koch, Helmut H./Kruck, Marlene (2000): „Ich werd's trotzdem weitersagen!" Prävention gegen sexuellen Mißbrauch in der Schule (Klassen 1-10). Theorie, Praxisberichte, Literaturanalysen, Materialien. Münster.

Kruck, Marlene (2001): „Sexueller Missbrauch" – ein Thema für die Kinder- und Jugendliteratur? Präventives Arbeiten mit Bilder- und Kinderbüchern. In: Risau/Kruck/Bender (Hrsg.): Sexualisierte Gewalt in der Alltags- und Medienwelt von Kindern: wahrnehmen - benennen - präventiv handeln. Bad Heilbrunn, S. 191-231.

Kruck, Marlene (2006): Das Schweigen durchbrechen – Band I: Sexueller Missbrauch in der deutschsprachigen Kinder- und Jugendliteratur. LIT-Verlag, Münster.

Kruck, Marlene (2006): Das Schweigen durchbrechen – Band II: Einsatzmöglichkeiten von Kinder- und Jugendliteratur zur Thematik des sexuellen Missbrauchs im Rahmen der schulischen Präventionsarbeit. LIT-Verlag, Münster.

Maier, Karl Ernst (1987): Jugendliteratur. Formen, Inhalte, pädagogische Bedeutung. Bad Heilbrunn.

Mattenklott, Gundel (1999): Stabilität im Umbruch. Kinder- und Jugendliteratur der neunziger Jahre. In: Deutschunterricht. Magazin für Deutschlehrerinnen und Deutschlehrer aller Schulformen. Sonderheft/52. Berlin.

Autorinnen und Autoren

PD Monika Friedrich, PhD, USA, PD am Institut für Soziologie der Westfälischen Wilhelms-Universität Münster, Mitherausgeberin der Reihe „Geschlecht-Gewalt-Gesellschaft" im LIT-Verlag Münster

Dr. Ulrike Itze, Konrektorin Ladbergen, Co-Leitung im Kompetenzteam im Kreis Steinfurt (Organisation der Fortbildung im Bereich Grundschule/Beratung der Schulen), Leitung des Vereins „Forschen - Lehren - Lernen" an der Westfälischen Wilhelms-Universität Münster

Dr. phil. Dipl. Psych. Ludger Kotthoff, Akadem. Oberrat am Fachbereich Psychologie der WWU Münster; Psychologischer Psychotherapeut/tiefenpsychologisch fundierte und analytische Psychotherapie/eigene Praxis

Dr. Marlene Kruck-Homann, Grundschullehrerin, langjährige Mitarbeiterin im Forschungsprojekt „Sexuelle Gewalt gegen Kinder", Mitherausgeberin der Reihe „Geschlecht-Gewalt-Gesellschaft" im LIT-Verlag Münster

Dipl.- Pädagogin Petra Risau, Entwicklung und Betreuung des Kinderschutzportals www.schulische-praevention.de, Projektleiterin der Online-Beratungsportale bera-net.de und das-beratungsnetz.de in Berlin, Lehrbeauftragte im berufsbegleitenden Master-Studiengang zur Beratungswissenschaft an der Universität Heidelberg.

Ass. jur. Sabine Schumacher, Studium der Rechtswissenschaften an der Westfälischen Wilhelms-Universität Münster/2. juristische Staatsexamen, Honorardozentin am Handwerkskammerbildungszentrum in MS

Dipl. Theologe Patrick Schoden, Gestaltpädagoge (IGNW), Wiss. HK des Forschungsprojekt „Kinderschutzportal" am Zentrum für Lehrerbildung der Westfälischen Wilhelms-Universität Münster

Prof. Dr. Herbert Ulonska, 1984-2002 Professor für Evangelische Theologie und ihre Didaktik an der Westfälischen Wilhelms-Universität Münster, Mitherausgeber der Reihe „Geschlecht-Gewalt-Gesellschaft" im LIT-Verlag Münster, Initiator und langjähriger Leiter des Forschungsprojekt „Kinderschutzportal" am ehemaligen Primarstufen-Institut der Westfälischen Wilhelms-Universität Münster

Geschlecht – Gewalt – Gesellschaft
hrsg. von Prof. Dr. Herbert Ulonska, PD Dr. Monika Friedrich und
Dr. Marlene Kruck-Homann (Universität Münster)

Marlene Kruck
Das Schweigen durchbrechen
Band I: Sexueller Missbrauch in der deutschsprachigen Kinder- und Jugendliteratur
Sexueller Missbrauch ist auch in Kinder- und Jugend- büchern zu einem Thema geworden. Marlene Kruck legt mit ihrer Studie erst- malig eine umfangreiche Auseinandersetzung mit dieser problemorientierten Literatur für Kinder und Jugendliche vor. Während Band I dieses Doppelban- des neben der grundlegenden Theorie die analytische Bewertung von 70 Kin- der- und Jugendbücher zur Thematik des sexuellen Missbrauchs beinhaltet, bietet Band II einen umfangreichen Einblick in den präventiven Nutzen dieser thematischen Literatur in der Schule. Dargestellt werden Schulprojekte in der Grundschule (3. Schuljahr), der Förderschule (4./5. Schuljahr) und der Real- schule (9. Schuljahr).
Bd. 2, 2006, 528 S., 49,90 €, br., ISBN 3-8258-8987-4

Marlene Kruck
Das Schweigen durchbrechen
Band II: Einsatzmöglichkeiten von Kinder- und Jugendliteratur zur Thematik des sexuellen Missbrauchs im Rahmen der schulischen Präventionsarbeit
Auch nach 40 Jahren hat das Zweite Vatikanische Konzil nichts von seiner Wirkkraft verloren. An dessen Rezeption und Interpretation scheiden sich stets neu die Geister. Sehen einige in ihm das "Ende" eines kirchlichen Erneuerungsprozesses, den es zu halten gilt, bedeutet für andere das Konzil erst den wegweisenden "Anfang" des kirchlichen Aggiomamento (Johannes XXIII.). Im WS 03/04 hat sich die Fakultät Katholische Theologie der Otto-Friedrich-Universität Bamberg in ihrem Theologischen Forum dies zum Thema gemacht. Die eingeladenen Referenten haben sich in ihren Vorträgen dem Zweiten Vaticanum und dessen Bedeutung kontextuell, theologisch und hermeneutisch angenähert. Mit Beiträgen von Wolfgang Seibel, Helmut Krätzl, Herbert Vorgrimler, Karl Kardinal Lehmann und Salvatore Loiero.
Bd. 3, 2006, 240 S., 19,90 €, br., ISBN 3-8258-8988-2

Barbara Haslbeck
Sexueller Missbrauch und Religiosität
Wenn Frauen das Schweigen brechen: eine empirische Studie
Bd. 4, 2007, 512 S., 39,90 €, br., ISBN 978-3-8258-9449-8

Tim Bürger
MännerRäume bilden
Männer und die evangelische Kirche in Deutschland im Wandel der Moderne
Bd. 5, 2006, 312 S., 24,90 €, br., ISBN 3-8258-8642-5

Christa Spilling-Nöker
Wir lassen Dich nicht, Du segnest uns denn
Zur Diskussion um Segnung und Zusammenleben gleichgeschlechtlicher Paare im Pfarrhaus
Bd. 6, 2006, 408 S., 29,90 €, br., ISBN 3-8258-9610-2

Mirja Silkenbeumer
Biographische Selbstentwürfe und Weiblichkeitskonzepte aggressiver Mädchen und junger Frauen
Bd. 7, 2007, 384 S., 26,90 €, br., ISBN 978-3-8258-0363-6

LIT Verlag Berlin – Hamburg – London – Münster – Wien – Zürich
Fresnostr. 2 48159 Münster
Tel.: 0251 / 620 32 22 – Fax: 0251 / 922 60 99
e-Mail: vertrieb@lit-verlag.de – http://www.lit-verlag.de